新驾考

汽车驾驶速成

（适用B1、B2、A1、A2）

第2版

主　编　唐　会　曲晓峰

参　编　李济延　李占立

主　审　赵学鹏

机械工业出版社

CHINA MACHINE PRESS

本书以《机动车驾驶证申领和使用规定》为依据，严格按照《机动车驾驶培训教学与考试大纲》的要求，参考各省、自治区、直辖市机动车驾驶证考试内容，针对新的驾驶证考试改革，以培养学员安全驾驶意识和提高驾驶技能为重点，在吸纳作者多年教学经验的基础上编写而成。

本书共分五部分，系统地介绍了机动车驾驶人必须掌握的基本操作技能，是取得机动车 B1、B2、A1、A2、A3 驾驶证的考试用书，也可作为全日制驾驶职业教育学生的教材。

图书在版编目（CIP）数据

新驾考汽车驾驶速成：适用B1、B2、A1、A2/唐会，曲晓峰主编 . —2 版 . —北京：机械工业出版社，2023.3（2025.7 重印）

ISBN 978-7-111-72260-1

Ⅰ . ①新… Ⅱ . ①唐…②曲… Ⅲ . ①汽车驾驶员 - 资格考试 - 自学参考资料 Ⅳ . ① U471.3

中国版本图书馆 CIP 数据核字（2022）第 252743 号

机械工业出版社（北京市百万庄大街 22 号　邮政编码 100037）

策划编辑：谢　元　　　　　责任编辑：谢　元　侯力文
责任校对：韩佳欣　张　征　封面设计：张　静
责任印制：单爱军
中煤（北京）印务有限公司印刷
2025 年 7 月第 2 版第 6 次印刷
184mm×260mm · 8.75 印张 · 207 千字
标准书号：ISBN 978-7-111-72260-1
定价：59.90 元

电话服务　　　　　　　　　网络服务
客服电话：010-88361066　机 工 官 网：www.cmpbook.com
　　　　　010-88379833　机 工 官 博：weibo.com/cmp1952
　　　　　010-68326294　金 书 网：www.golden-book.com
封底无防伪标均为盗版　机工教育服务网：www.cmpedu.com

前　言

　　本书采用图片与文字相结合的方式，对中型客车、大型货车、大型客车、重型牵引挂车、城市公交车驾驶操作要领进行分步解说，图片直观、内容清晰，通俗易懂，一看即会。

　　本书以《机动车驾驶证申领和使用规定》为依据，严格按照《机动车驾驶培训教学与考试大纲》的要求，参考各省、自治区、直辖市机动车驾驶证考试内容，针对新的驾驶证考试改革，以培养学员安全驾驶意识和提高驾驶技能为重点，在吸纳作者多年教学经验的基础上编写而成，是取得机动车 B1、B2、A1、A2、A3 驾驶证的考试用书，也可作为全日制驾驶职业教育学生的教材。

　　本书共分五部分，系统地介绍了机动车驾驶人必须掌握的基本操作技能。科目二、科目三考试场地、训练车辆由蚌埠市地矿驾驶员培训学校提供，视频由耿亮剪辑、制作。通过学习本书可以轻松掌握大型机动车驾驶考试科目二、科目三的正确驾驶操作方法和技巧，具有事半功倍的效果。

　　本书由唐会、曲晓峰担任主编，李济延、李占立参加编写，安徽省机动车驾驶培训行业协会赵学鹏教授担任主审。

　　由于编者水平有限，疏漏之处在所难免，敬请广大读者批评指正。

编　者

目 录

■ 第四部分　科目三道路驾驶操作要点

■ 第五部分　安全行车驾驶技能常识

第一部分 机动车驾驶证申领与使用管理规定

一、申领须知

1. 准驾车型

我国机动车驾驶证准驾车型及代号见下表。根据业界通俗说法，本书将 A1、A2、A3 准驾车型驾驶证统称为 A 本，B1、B2 准驾车型驾驶证统称为 B 本。

准驾车型	代号	准驾车辆	准予驾驶的其他准驾车型
大型客车	A1	大型载客汽车	A3、B1、B2、C1、C2、C3、C4、M
重型牵引挂车	A2	总质量大于 4500kg 的汽车列车	B1、B2、C1、C2、C3、C4、C6、M
城市公交车	A3	核载 10 人以上的城市公共汽车	C1、C2、C3、C4
中型客车	B1	中型载客汽车（含核载 10 人以上、19 人以下的城市公共汽车）	C1、C2、C3、C4、M
大型货车	B2	重型、中型载货汽车；重型、中型专项作业车	
小型汽车	C1	小型、微型载客汽车以及轻型、微型载货汽车，轻型、微型专项作业车	C2、C3、C4
小型自动档汽车	C2	小型、微型自动档载客汽车以及轻型、微型自动档载货汽车、上肢残疾人专用小型自动档载客汽车	
低速载货汽车	C3	低速载货汽车	C4
三轮汽车	C4	三轮汽车	
残疾人专用小型自动档载客汽车	C5	残疾人专用小型、微型自动档载客汽车（只允许右下肢或者双下肢残疾人驾驶）	
轻型牵引挂车	C6	总质量小于（不包含等于）4500kg 的汽车列车	
普通三轮摩托车	D	发动机排量大于 50mL 或者最大设计车速大于 50km/h 的三轮摩托车	E、F
普通二轮摩托车	E	发动机排量大于 50mL 或者最大设计车速大于 50km/h 的二轮摩托车	F
轻便摩托车	F	发动机排量小于等于 50mL，最大设计车速小于等于 50km/h 的摩托车	
轮式专用机械车	M	轮式专用机械车	
无轨电车	N	无轨电车	
有轨电车	P	有轨电车	

2. 申请条件

申领 A 本、B 本需满足如下年龄、身体等条件。

（1）年龄条件

1）申请城市公交车、中型客车、大型货车准驾车型的，在 20 周岁以上，63 周岁以下。

2）申请大型客车、重型牵引挂车准驾车型的，在 22 岁以上，63 周岁以下。

3）接受全日制驾驶职业教育的学生，申请大型客车、重型牵引挂车准驾车型，在 19 周岁以上，63 周岁以下。

（2）身体条件

1）身高：申请大型客车、重型牵引挂车、城市公交车、大型货车准驾车型的，身高为 155cm 以上。申请中型客车准驾车型的，身高为 150cm 以上。

2）视力：两眼裸视力或者矫正视力达到对数视力表 5.0 以上。

3）辨色力：无红绿色盲。

4）听力：两耳分别距音叉 50cm 能辨别声源方向。

5）上肢：双手拇指健全，每只手其他手指必须有三指健全，肢体和手指运动功能正常。

6）下肢：双下肢健全且运动功能正常，不等长度不得大于 5cm。

7）躯干、颈部：无运动功能障碍。

💡 注意：

有下列情形之一的，不得申请机动车驾驶证：

1）有器质性心脏病、癫痫病、美尼尔氏症、眩晕症、癔症、震颤麻痹、精神病、痴呆以及影响肢体活动的神经系统疾病等妨碍安全驾驶疾病的。

2）三年内有吸食、注射毒品行为或者解除强制隔离戒毒措施未满三年，以及长期服用依赖性精神药品成瘾尚未戒除的。

3）造成交通事故后逃逸构成犯罪的。

4）饮酒后或者醉酒驾驶机动车发生重大交通事故构成犯罪的。

5）醉酒驾驶机动车或者饮酒后驾驶营运机动车依法被吊销机动车驾驶证未满五年的。

6）醉酒驾驶营运机动车依法被吊销机动车驾驶证未满十年的。

7）驾驶机动车追逐竞驶、超员、超速、违反危险化学品安全管理规定运输危险化学品构成犯罪依法被吊销机动车驾驶证未满五年的。

8）因本款第四项以外的其他违反交通管理法律法规的行为发生重大交通事故构成犯罪依法被吊销机动车驾驶证未满十年的。

9）因其他情形依法被吊销机动车驾驶证未满二年的。

10）驾驶许可依法被撤销未满三年的。

11）未取得机动车驾驶证驾驶机动车，发生负同等以上责任交通事故造成人员重伤或者死亡未满十年的。

12）三年内有代替他人参加机动车驾驶人考试行为的。

13）法律、行政法规规定的其他情形。

有下列情形之一的，不得申请大型客车、重型牵引挂车、城市公交车、中型客车、大型货车准驾车型：

1）发生交通事故造成人员死亡，承担同等以上责任的。

2）醉酒后驾驶机动车的。

3）再次饮酒后驾驶机动车的。

4）有吸食、注射毒品后驾驶机动车行为的，或者有执行社区戒毒、强制隔离戒毒、社区康复措施记录的。

5）驾驶机动车追逐竞驶、超员、超速、违反危险化学品安全管理规定运输危险化学品构成犯罪的。

6）被吊销或者撤销机动车驾驶证未满十年的。

7）未取得机动车驾驶证驾驶机动车，发生负同等以上责任交通事故造成人员重伤或者死亡的。

3. 申领的程序

申领机动车驾驶证的人，按照下列规定向车辆管理所提出申请：

1）在户籍所在地居住的，应当在户籍所在地提出申请。

2）在户籍所在地以外居住的，可以在居住地提出申请。

3）现役军人（含武警），应当在部队驻地提出申请。

4）境外人员，应当在居留地或者居住地提出申请。

5）申请增加准驾车型的，应当在所持机动车驾驶证核发地提出申请。

6）接受全日制驾驶职业教育学生，申请增加大型客车、重型牵引挂车准驾车型的，应当在接受教育地提出申请。

> 💡 **注意**：城市公交车、大型货车机动车驾驶证，可以通过初次申领取得；大型客车、重型牵引挂车、轻型牵引挂车和中型客车必须通过增驾方式取得。

申请机动车驾驶证，应当确认申请信息，并提交以下证明：

1）申请人的身份证明。

2）医疗机构出具的有关身体条件的证明。

> 💡 **注意**：申请增加准驾车型的，除确认申请信息，提交上述证明外，还应当提交所持机动车驾驶证。

4. 增驾的条件与规定

已持有机动车驾驶证，申请增加准驾车型的，应当在本记分周期和申请前最近一个记分周期内没有记满 12 分记录。申请增加中型客车、重型牵引挂车、大型客车准驾车型的，还应当符合下列规定：

1）申请增加中型客车准驾车型的，已取得驾驶城市公交车、大型货车、小型汽车、小型自动档汽车、低速载货汽车或者三轮汽车准驾车型资格二年以上，并在申请前最近连续二个记分周期内没有记满 12 分记录。

2）申请增加重型牵引挂车准驾车型的，已取得驾驶中型客车或者大型货车准驾车型资格二年以上，或者取得驾驶大型客车准驾车型资格一年以上，并在申请前最近连续二个记分周期内没有记满 12 分记录。

3）申请增加大型客车准驾车型的，已取得驾驶城市公交车、中型客车准驾车型资格二年以上、已取得驾驶大型货车准驾车型资格三年以上，或者取得驾驶重型牵引挂车准驾车型资格一年以上，并在申请前最近连续三个记分周期内没有记满 12 分记录。

4）已持有大型客车、城市公交车、中型客车、大型货车、小型汽车、小型自动档汽车准驾车型驾驶证，申请增加轻型牵引挂车准驾车型的，应当考试科目二和科目三安全文明驾驶常识。

> ☀ 注意：持军队、武装警察部队机动车驾驶证的人申请大型客车、重型牵引挂车、城市公交车、中型客车、大型货车准驾车型机动车驾驶证的，应当考试科目一和科目三；申请其他准驾车型机动车驾驶证的，免予考试核发机动车驾驶证。

5）持境外机动车驾驶证申请机动车驾驶证的，应当考试科目一。申请准驾车型为大型客车、重型牵引挂车、城市公交车、中型客车、大型货车机动车驾驶证的，还应当考试科目二和科目三。

二、考试内容

机动车驾驶人考试分为三个科目：科目一为道路交通安全法律、法规和相关知识考试；科目二为场地驾驶技能考试；科目三为道路驾驶技能考试和安全文明驾驶常识考试。

1. 科目一（驾驶理论）考试内容
（1）考试试题内容
1）道路交通安全法律、法规和规章。
2）道路交通信号，道路通行标志。
3）安全行车、文明驾驶基础知识。
4）机动车驾驶证申领和使用。
5）道路交通违法行为和交通事故处理。
6）机动车登记等规定。
（2）考试时间与合格标准　考试时间为 45min；考试满分为 100 分，成绩达到 90 分的为合格。

2. 科目二（场地驾驶）考试内容
1）桩考。
2）坡道定点停车和起步。
3）侧方停车。
4）通过单边桥。
5）曲线行驶。
6）直角转弯。
7）通过限宽门。
8）窄路掉头。
9）模拟高速公路行驶。
10）连续急弯山区路行驶。
11）模拟隧道行驶。
12）模拟雨（雾）天行驶。
13）模拟湿滑路行驶。
14）模拟紧急情况处置。

3. 科目三道路驾驶技能考试内容
1）上车准备。
2）起步。
3）直线行驶。
4）加减档位操作。
5）变更车道。
6）靠边停车。

7）直行通过路口。

8）路口左转弯。

9）路口右转弯。

10）通过人行横道线。

11）通过学校区域。

12）通过公共汽车站。

13）会车。

14）超车。

15）掉头。

16）夜间行驶。

4．科目三安全文明驾驶常识考试内容

（1）试题内容

1）安全文明驾驶操作要求。

2）恶劣气象和复杂道路条件下的安全驾驶知识。

3）爆胎等紧急情况下的临危处置方法。

4）防范次生事故处置知识。

5）伤员急救知识等。

（2）考试时间与合格标准　考试时间为 45min；试卷由 50 道题目组成，考试满分为 100 分，成绩达到 90 分的为合格。

> ☀ 注意：1）申请人科目一考试合格后，可以同时预约科目二、科目三考试，科目三道路驾驶技能考试合格后，方准参加安全文明驾驶常识考试。
>
> 2）初次申请机动车驾驶证或者申请增加准驾车型的，科目一考试合格后，车辆管理所应当在一日内核发学习驾驶证明。
>
> 3）学习驾驶证明的有效期为三年，但有效期截止日期不得超过申请年龄条件上限。申请人应当在有效期内完成科目二和科目三考试。未在有效期内完成考试的，已考试合格的科目成绩作废。
>
> 4）报考大型客车、重型牵引挂车、城市公交车、中型客车、大型货车准驾车型的，在取得学习驾驶证明满二十日后可预约科目二考试。在取得学习驾驶证明满四十日后可预约科目三考试。
>
> 5）申请人因故不能按照预约时间参加考试的，应当提前一日申请取消预约。对申请人未按照预约考试时间参加考试的，判定该次考试不合格。
>
> 6）每个科目考试一次，考试不合格的，可以补考一次。不参加补考或者补考仍不合格的，本次考试终止，申请人应当重新预约考试，但科目二、科目三考试应当在十日后预约。科目三安全文明驾驶常识考试不合格的，已通过的道路驾驶技能考试成绩有效。
>
> 7）在学习驾驶证明有效期内，科目二和科目三道路驾驶技能考试预约考试的次数不得超过五次。第五次考试仍不合格的，已考试合格的其他科目成绩作废。

三、机动车驾驶证使用管理规定

1．有效期满换证

机动车驾驶人在机动车驾驶证的六年有效期内，每个记分周期均未记满 12 分的，换发十年有效期的机动车驾驶证；在机动车驾驶证的十年有效期内，每个记分周期均未记满 12 分的，换发长期有效的机动车驾驶证。

机动车驾驶人应当于机动车驾驶证有效期满前 90 日内，向机动车驾驶证核发地或者核发地以外的车辆管理所申请换证。申请时应当确认申请信息，并提交以下证明、凭证：

1）机动车驾驶人的身份证明。

2）机动车驾驶证。

3）医疗机构出具的有关身体条件的证明。

2. 转入换证

机动车驾驶人户籍迁出原车辆管理所管辖区的，应当向迁入地车辆管理所申请换证。机动车驾驶人在核发地车辆管理所管辖区以外居住的，可以向居住地车辆管理所申请换证。申请时应当确认申请信息，提交机动车驾驶人的身份证明和机动车驾驶证，并申报身体条件情况。

年龄在 63 周岁以上的，不得驾驶大型客车、重型牵引挂车、城市公交车、中型客车、大型货车、轮式专用机械车、无轨电车和有轨电车，可以换领 C1 或 C2 驾驶证，持有重型牵引挂车的，可以保留 C6 准驾车型。但年龄在 63 周岁以上，申请继续驾驶上述准驾车型，通过记忆力、判断力、反应力等能力测试的，可在年满 63 周岁前一年内向车管所申请延长原准驾车型驾驶资格期限，延长期限最长不超过三年。

3. 变更换证

具有下列情形之一的，机动车驾驶人应当在 30 日内到机动车驾驶证核发地或者核发地以外的车辆管理所申请换证：

1）在车辆管理所管辖区域内，机动车驾驶证记载的机动车驾驶人信息发生变化的。

2）机动车驾驶证损毁无法辨认的。

4. 驾驶证遗失补证

机动车驾驶证遗失的，机动车驾驶人应当向机动车驾驶证核发地或者核发地以外的车辆管理所申请补发。申请时应当确认申请信息，并提交机动车驾驶人的身份证明。符合规定的，车辆管理所应当在一日内补发机动车驾驶证。机动车驾驶人补领机动车驾驶证后，原机动车驾驶证作废，不得继续使用。机动车驾驶证被依法扣押、扣留或者暂扣期间，机动车驾驶人不得申请补发。

5. 记分制度

道路交通安全违法行为累积记分周期（即记分周期）为 12 个月，满分为 12 分，从机动车驾驶证初次领取之日起计算。对机动车驾驶人的道路交通安全违法行为，处罚与记分同时执行。机动车驾驶人一次有两个以上违法行为记分的，应当分别计算，累加分值。机动车驾驶人在一个记分周期内累积记分达到 12 分的，公安机关交通管理部门应当扣留其机动车驾驶证。

6. 违法记分分值及考试

依据道路交通安全违法行为的严重程度，一次记分的分值为 12 分、9 分、6 分、3 分、1 分五种。

机动车驾驶人记分分值达到 12 分时，应当在 15 日内到机动车驾驶证核发地或者违法行为地公安机关交通管理部门参加为期七日的道路交通安全法律、法规和相关知识学习。机动车驾驶人参加学习后，车辆管理所应当在 20 日内对其进行道路交通安全法律、法规和相关知识考试。考试合格的，记分予以清除，发还机动车驾驶证；考试不合格的，继续参加学习和考试。拒不参加学习，也不接受考试的，由公安机关交通管理部门公告其机动车驾驶证停止使用。

机动车驾驶人在一个记分周期内有两次以上达到12分或者累积记分达到24分以上的，车辆管理所还应当在道路交通安全法律、法规和相关知识考试合格后十日内对其进行道路驾驶技能考试。接受道路驾驶技能考试的，按照本人机动车驾驶证载明的最高准驾车型考试。

> ☀ 提示：机动车驾驶人在一个记分周期内记分未达到12分，所处罚款已经缴纳的，记分予以清除；记分虽未达到12分，但尚有罚款未缴纳的，记分转入下一记分周期。
> 记分登记管理有出入的，以公安部门公告为准。

7. 驾驶证实习期

机动车驾驶人初次申请机动车驾驶证后的12个月为实习期。

新取得大型客车、重型牵引挂车、城市公交车、中型客车、大型货车驾驶证的，实习期结束后30日内应当参加道路交通安全法律法规、交通安全文明驾驶、应急处置等知识考试，并接受不少于半小时的交通事故案例警示教育。

在实习期内驾驶机动车的，应当在车身后部粘贴或者悬挂统一式样的实习标志。

机动车驾驶人在实习期内不得驾驶公共汽车、营运客车或者执行任务的警车、消防车、救护车、工程救险车以及载有爆炸物品、易燃易爆化学物品、剧毒或者放射性等危险物品的机动车；驾驶的机动车不得牵引挂车。

驾驶人在实习期内驾驶机动车上高速公路行驶，应当由持相应或者更高准驾车型驾驶证三年以上的驾驶人陪同。

8. 驾驶证审验

机动车驾驶人应当按照法律、行政法规的规定，定期到公安机关交通管理部门接受审验。

持有大型客车、重型牵引挂车、城市公交车、中型客车、大型货车驾驶证的驾驶人，应当在每个记分周期结束后30日内到公安机关交通管理部门接受审验，但在一个记分周期内没有记分记录的，免予本记分周期审验。

持有上段所述以外准驾车型驾驶证的驾驶人，发生交通事故造成人员死亡承担同等以上责任未被吊销机动车驾驶证的，应当在本记分周期结束后30日内到公安机关交通管理部门接受审验。

机动车驾驶证审验内容包括：

1）道路交通安全违法行为、交通事故处理情况。

2）身体条件情况。

3）道路交通安全违法行为记分及记满12分后参加学习和考试情况。

> ☀ 提示：持有大型客车、重型牵引挂车、城市公交车、中型客车、大型货车驾驶证一个记分周期内有记分的，以及持有其他准驾车型驾驶证发生交通事故造成人员死亡承担同等以上责任未被吊销机动车驾驶证的驾驶人，审验时应当参加不少于3小时的道路交通安全法律法规、交通安全文明驾驶、应急处置等知识学习，并接受交通事故案例警示教育。

对交通违法行为或者交通事故未处理完毕的，身体条件不符合驾驶许可条件的，未按照规定参加学习、教育和考试的，不予通过审验。

9. 驾驶人体检

年龄在 **70 周岁以上的机动车驾驶人，应当每年进行一次身体检查**，在记分周期结束后 30 日内，提交医疗机构出具的有关身体条件的证明。

机动车驾驶人按照规定参加审验时，应当申报身体条件情况。

机动车驾驶人因服兵役、出国（境）等原因，无法在规定时间内办理驾驶证期满换证、审验、提交身体条件证明的，可以在驾驶证有效期内或者有效期届满一年内向机动车驾驶证核发地车辆管理所申请延期办理。申请时应当确认申请信息，并提交机动车驾驶人的身份证明。

> 💡 提示：延期期限最长不超过三年。延期期间机动车驾驶人不得驾驶机动车。

10. 驾驶证注销

机动车驾驶人具有下列情形之一的，车辆管理所应当注销其机动车驾驶证：

1）死亡的。

2）提出注销申请的。

3）丧失民事行为能力，监护人提出注销申请的。

4）身体条件不适合驾驶机动车的。

5）有器质性心脏病、癫痫病、美尼尔氏症、眩晕症、癔症、震颤麻痹、精神病、痴呆以及影响肢体活动的神经系统疾病等妨碍安全驾驶疾病的。

6）被查获有吸食、注射毒品后驾驶机动车行为，正在执行社区戒毒、强制隔离戒毒、社区康复措施，或者长期服用依赖性精神药品成瘾尚未戒除的。

7）代替他人参加机动车驾驶人考试的。

8）超过机动车驾驶证有效期一年以上未换证的。

9）年龄在 70 周岁以上，在一个记分周期结束后一年内未提交身体条件证明的；或者持有残疾人专用小型自动档载客汽车准驾车型，在三个记分周期结束后一年内未提交身体条件证明的。

10）年龄在 63 周岁以上，所持机动车驾驶证只具有轮式专用机械车、无轨电车或者有轨电车准驾车型，且未经车辆管理所核准延期申请的，或者年龄在 70 周岁以上，所持机动车驾驶证只具有低速载货汽车、三轮汽车准驾车型的。

11）机动车驾驶证依法被吊销或者驾驶许可依法被撤销的。

持有大型客车、重型牵引挂车、城市公交车、中型客车、大型货车驾驶证的驾驶人有下列情形之一的，车辆管理所应当注销其最高准驾车型驾驶资格，并通知机动车驾驶人在 30 日内办理降级换证业务：

1）发生交通事故造成人员死亡，承担同等以上责任，未构成犯罪的。

2）在一个记分周期内有记满 12 分记录的。

3）连续三个记分周期不参加审验的。

机动车驾驶人在规定时间内未办理降级换证业务的，车辆管理所应当公告注销其准驾车型驾驶资格。

> 💡 提示：机动车驾驶人在实习期内有记满 12 分记录的，注销其实习的准驾车型驾驶资格。被注销的驾驶资格不属于最高准驾车型的，还应当按照规定，注销其最高准驾车型驾驶资格。

持有大型客车、重型牵引挂车、城市公交车、中型客车、大型货车驾驶证的驾驶人在一年实习期内记 6 分以上但未达到 12 分的，实习期限延长一年。在延长的实习期内再次记 6 分以上但未达到 12 分的，注销其实习的准驾车型驾驶资格。

11. 法律责任

车辆管理所在办理驾驶证核发或相关业务过程中发现存在下列情形的，应当及时开展调查：

1）涉嫌提交虚假申请材料的。

2）涉嫌在考试过程中有贿赂、舞弊行为的。

3）涉嫌以欺骗、贿赂等不正当手段取得机动车驾驶证的。

4）涉嫌使用伪造、变造的机动车驾驶证的。

5）存在短期内频繁补换领、转出转入驾驶证等异常情形的。

6）存在其他违法违规情形的。

机动车驾驶人有下列行为之一的，由公安机关交通管理部门处 20 元以上 200 元以下罚款：

1）机动车驾驶人补领机动车驾驶证后，继续使用原机动车驾驶证的。

2）在实习期内驾驶机动车不符合规定的。

3）驾驶机动车未按规定粘贴、悬挂实习标志的。

4）持有大型客车、重型牵引挂车、城市公交车、中型客车、大型货车驾驶证的驾驶人，未按照规定申报变更信息的。

机动车驾驶人有下列行为之一的，由公安机关交通管理部门处 200 元以上 500 元以下罚款：

1）机动车驾驶证被依法扣押、扣留或者暂扣期间，采用隐瞒、欺骗手段补领机动车驾驶证的。

2）机动车驾驶人身体条件发生变化不适合驾驶机动车，仍驾驶机动车的。

3）逾期不参加审验仍驾驶机动车的。

12. 交通肇事罪与危险驾驶罪

(1) 交通肇事罪

依照《刑法》第一百三十三条的规定，违反交通运输管理法规，因而发生重大事故，致人重伤、死亡或者使公私财产遭受重大损失的，处三年以下有期徒刑或者拘役；交通运输肇事后逃逸或者有其他特别恶劣情节的，处三年以上七年以下有期徒刑；因逃逸致人死亡的，处七年以上有期徒刑。

交通肇事致一人以上重伤，负事故全部或者主要责任，并具有下列情形之一的，以交通肇事罪定罪处罚：

1）酒后、吸食毒品后驾驶机动车辆的。

2）无驾驶资格驾驶机动车辆的。

3）明知是安全装置不全或者安全机件失灵的机动车辆而驾驶的。

4）明知是无牌证或者已报废的机动车辆而驾驶的。

5）严重超载驾驶的。

6）为逃避法律追究逃离事故现场的。

（2）危险驾驶罪

危险驾驶罪是指在道路上醉酒驾驶机动车，或者在道路上驾驶机动车追逐竞驶，情节恶劣的行为。

危险驾驶罪分为追逐竞驶与醉酒驾驶两个类型。

追逐竞驶，是指行为人在道路上高速、超速行驶，随意追逐、超越其他车辆，频繁、突然并线，近距离驶入其他车辆之前的危险驾驶行为。追逐竞驶属于危害公共安全的范畴。

醉酒驾驶标准是车辆驾驶人 100mL 血液中，酒精含量在 80mg 以上。

危险驾驶罪在主观方面表现为故意，即明知自己在道路上醉酒驾驶机动车或者在道路上驾驶机动车追逐竞驶的行为危害到公共安全而希望或放任这种状态的发生。

常见交通事故责任划分图解

在没有中心隔离设施或者没有中心线的道路上会车时，在有障碍一方已驶入障碍路段，无障碍一方未驶入时，无障碍一方未让有障碍一方先行的，A 车全责。

在没有中心隔离设施或者没有中心线的道路上会车时，下坡车已行至中途，而上坡车未上坡时，上坡车未让下坡车先行的，A 车全责。

在没有中心隔离设施或者没有中心线的狭窄山路会车时，在两车难以同时通过的情况下，靠近山体的一方未作减速或停车等避让措施让对方先行的，A 车全责。

准备进入环形路口的车辆，未让已在路口内的车先行的，A 车全责。

逆向行驶的，A 车全责。

超越前方正在左转弯车的，A车全责。

超越前方正在掉头的车，A车全责。

超越前方正在超车的车，A车全责。

与对面来车有会车可能时超车的，A车全责。

行经交叉路口、窄桥、弯道、陡坡、隧道时超车的，A车全责。

第二部分 基础驾驶

汽车驾驶基础是学习汽车驾驶的重要环节，熟悉所驾驶车辆的技术性能，灵活控制车辆的行驶状况，是为驾驭车辆做好准备的前提条件。

一、汽车驾驶操作相关知识

（一）常用仪表的识别

仪表板上装有仪表和警告灯，以便驾驶人了解车辆的工作情况。图 2-1 为仪表板、转向盘、离合器踏板、制动踏板、加速踏板和变速杆的分布情况。

图 2-1　仪表板、转向盘、离合器踏板、制动踏板、加速踏板和变速杆的分布情况

（二）操作机件的识别

1）汽车的操作机件、作用、设置情况及操作方法大同小异，操纵机构的功用见表 2-1。

表 2-1　操纵机构的功用

名　称	功　用
转向盘	用于操纵汽车的行驶方向
离合器	用于控制发动机动力与传动部分接合及分离，保证汽车平稳起步、顺利换档
行车制动器	用机械压力作为驱动力，控制车轮制动器，使车辆减速和停车
变速器	满足汽车前进或倒车需要，根据汽车行驶的要求改变发动机传给驱动车轮的驱动力，也可以中断动力传递，以便于汽车（发动机不熄火）停车或短时间滑行
加速踏板	用于控制空气流量或喷油量，调节进入气缸的混合气成分和喷油量，提高和降低发动机动力
驻车制动器	用于车辆停驶（停车后驻车）、辅助行车制动器增强制动效能

2）其他按钮和开关。每辆车的仪表、内装饰虽然不同，但在操作开关、按钮时都要轻开、轻关，熟悉开关的位置和性能，才能有利于汽车安全驾驶。图2-2所示是喇叭按钮、转向灯等开关分布情况，图2-3所示是电压表、气压表、电源总开关等辅助开关分布情况，图2-4所示是机油压力表、油量表、冷却液温度表、发动机转速表及车速表分布情况。

图 2-2　喇叭按钮、转向灯等开关分布情况

图 2-3　电压表、气压表、电源总开关等辅助
开关分布情况

图 2-4　机油压力表、油量表、冷却液温度表、
发动机转速表及车速表分布情况

（三）仪表的名称和功用

1）发动机转速表用于显示发动机每分钟的转速，如图2-5所示。

2）车辆速度表用于显示车辆的瞬时速度，如图2-6所示。

3）冷却液温度表用于显示发动机冷却液的温度，如图2-7所示。

图 2-5　发动机转速表　　　图 2-6　车辆速度表　　　图 2-7　冷却液温度表

4）燃油表用于显示燃油箱存油量，如图2-8所示。

5）行驶里程用于显示车辆行驶的总里程，如图2-9所示。

6）电压表用于显示蓄电池的电压数值，如图2-10所示。

图 2-8　燃油表

图 2-9　行驶里程表

图 2-10　电压表

7）气压表用于显示储气筒内压缩空气的压力，如图 **2-11** 所示。

8）气压警告灯用于指示储气筒内气压降至或低于允许起步压力以及制动系统有故障、管道漏气。

9）油压警告灯用于指示发动机润滑油主油道压力低于正常数值。

图 2-11　气压表

（四）仪表指示灯的名称和功能

1）气囊指示灯显示气囊的工作状态，如图 **2-12** 所示。当打开点火开关时，车辆开始启动自检，该指示灯亮起几秒后熄灭，说明气囊工作状态良好；如果不熄灭，一直亮，说明安全气囊有故障。

2）发动机自检灯用来显示发动机的工作状态，如图 **2-13** 所示。当发动机起动后，该指示灯几秒钟后自动熄灭，为发动机工作正常；如果不熄灭或一直闪烁，为发动机有故障。

3）车门指示灯如图 **2-14** 所示。当任意一车门打开或关闭不到位，车门状态指示灯将一直亮着，此时应将车门重新关好；如果车门确认关好，指示灯仍然亮，说明控制开关或线路出现故障。

图 2-12　气囊指示灯

图 2-13　发动机自检灯

图 2-14　车门指示灯

4）冷却液温度指示灯显示发动机冷却液的温度，如图 **2-15** 所示。当打开点火开关时，会亮几秒然后熄灭；当发动机的温度超过额定数值时，冷却液温度指示灯亮起，此时应停车作进一步检查，防止发动机温度过高"开锅"，造成发动机粘缸而损坏。

5）燃油油量指示灯显示燃油箱内的燃油数量，如图 **2-16** 所示。当燃油指示灯亮时，说明燃油量不足，应补充燃油。

6）机油指示灯显示发动机机油压力状态。当发动机起动后，机油压力指示灯应熄灭；如果不熄灭（一直亮），说明发动机机油压力不足，应将发动机熄火。原因一是机油数量不足，二是机油泵出现故障，三是发动机油道出现故障。

7）ABS 指示灯显示 ABS 工作状态，如图 **2-17** 所示。当打开点火开关，车辆自检时，ABS 指示灯亮几秒钟后熄灭，说明系统工作状态良好；如果不熄灭，说明 ABS 出现故障。

图 2-15　冷却液温度指示灯　　图 2-16　燃油油量指示灯　　图 2-17　ABS 指示灯

8）驻车制动指示灯显示驻车制动工作状态，如图 2-18 所示。拉起驻车制动操纵手柄时该灯亮，放松（放下）时应熄灭；放松后不熄灭为驻车制动器线路有故障。

9）"P"指示灯显示车辆工作状态，如图 2-19 所示。"P"指示灯亮为车辆处于停驶状态，它与驻车制动指示灯一起显示。

10）制动盘指示灯用来显示制动盘的磨损情况，如图 2-20 所示。当制动盘磨损过甚（厚度不足）或出现故障时，该指示灯亮起。

图 2-18　驻车制动指示灯　　图 2-19　"P"指示灯　　图 2-20　制动盘指示灯

11）电源指示灯显示蓄电池的工作状态，如图 2-21 所示。当打开点火开关至"START 档"时，电源指示灯亮起，这属于正常状态；当发动机起动后，电源指示灯熄灭。如果发动机起动后，电源指示灯仍然亮，说明发电机充电电路有故障；或者蓄电池出现故障，应作进一步检查。

12）远光指示灯如图 2-22 所示。远光指示灯亮时，说明前照灯处于远光照射状态。

13）危险警告闪光灯显示车辆紧急停车或因故障而停驶，以引起其他车辆注意，防止交通事故发生，如图 2-23 所示。

图 2-21　电源指示灯　　图 2-22　远光指示灯　　图 2-23　危险警告闪光灯

14）转向指示灯显示车辆的行驶方向，如图 2-24 所示。车辆直线行驶时，转向指示灯不亮；车辆左转弯时，打开左转向灯，箭头指示灯闪烁亮起；车辆右转弯时，打开右转向灯，箭头指示灯闪烁亮起。

15）雾灯在雾天或雨雾弥漫的气象条件下使用，以提醒对方引起注意，如图 2-25 所示。雾灯具有较强的穿透力，能够使对方车辆或行人及早发现本车。

图 2-24　转向指示灯　　　　　　图 2-25　雾灯

（五）按钮（开关）键

1）ESP 开关键是车辆 ESP 系统的默认工作状态，如图 2-26 所示。按下此按键，ESP 处于关闭状态。

2）中控锁按键是中控门锁的控制按钮，如图 2-27 所示。为保证车内人员安全，中控门锁可打开或关闭各个车门的门锁。

3）倒车雷达键是打开或关闭倒车雷达系统的按键，如图 2-28 所示。按下此按键，倒车雷达可以使用，倒车结束后要关闭倒车雷达。

图 2-26　ESP 开关键　　图 2-27　中控锁按键　　图 2-28　倒车雷达键

4）空调开关键用于打开或关闭车用空调，如图 2-29 所示。指示灯亮表示车用空调工作，指示灯不亮表示车用空调处于关闭状态。

图 2-29　空调开关键

二、主要操作机构的使用

（一）转向盘

双手握转向盘的正确位置（按时钟表盘面的位置）：左手在 9 ～ 10 时之间，右手在 3 ～ 4 时之间。操作时以左手为主，右手为辅，相互结合（由于转向盘的设计不同，有的左手应在 8 ～ 9 时之间，右手在 4 时）。图 2-30 所示为转向盘的正确握法。

1. 正确握法

两手位于转向盘轮缘左右两侧，左手大拇指向里弯曲、另外四指由外向里握住转向盘轮缘，形成虎口锁止状态。右手自然抓握。

图 2-30　转向盘的正确握法

2. 操作方法

1）汽车在平路上行驶时，操纵转向盘要平稳，避免不必要的晃动。需要少量修正时，两手配合，一手拉动，一手送推。

2）急转弯时要迅速转动转向盘，两手要交替进行，称交叉（打方向）法。其操作方法是：向右急转弯时，左手向右推送，右手向下拉动，当两手交叉时，右手迅速松开，至转向盘上方握紧并向下拉动；左手迅速在原位置翻手，握紧并向上推动，如此反复进行。向左回转向盘时，动作相反。

注意：1）汽车在高低不平的颠簸道路上行驶时，应握紧转向盘，以免由于前轮受地面的冲击影响，引起转向盘回转，使转向盘失控，造成手指、手腕受伤。

2）停车时不得原地转动转向盘，避免损伤转向机件，加速轮胎磨损。

3）汽车行驶中，一只手操作其他机件时，另一只手必须握紧转向盘，不得单手长时间操作转向盘，更不能双手同时离开转向盘。

（二）离合器

不同车型的离合器踏板、制动踏板、加速踏板分布情况基本相同，如图 2-31 所示。

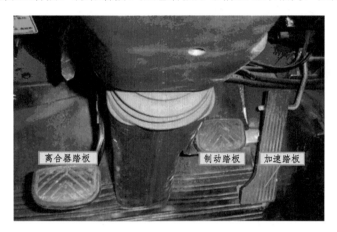

离合器踏板　　　　制动踏板　加速踏板

图 2-31　离合器踏板、制动踏板、加速踏板分布情况

1）踩离合器踏板时，应以左脚掌踩在踏板上，用膝关节和踝关节的伸屈动作踩下或放松踏板。踩下踏板时离合器分离，抬起松开时离合器接合。踩离合器的动作要迅速，一次踩到底。

2）起步和换档，抬起离合器踏板时，要按"快—停—慢"的要领进行，即刚开始抬起一段距离时要快一些，当离合器开始接合（离合器压盘与从动盘开始接合，即"半联动"状态）时，应稍微停顿，然后再慢慢抬起，使离合器平稳接合。完全松开后，左脚放在离合器下方适当位置，便于下次操作。图 2-32 所示为离合器踏板操作使用情况。

> 💡 提示：不能用脚尖或脚后跟踩踏板，用脚尖容易踩滑，控制不稳；用脚后跟踩踏板前脚掌部分碍事，不利于操作。

3）在踩下或抬起离合器踏板过程中，离合器摩擦片与压盘及飞轮即将接合的瞬间，既传递转矩又有滑转的现象，这一状态即"半联动"。在使用半联动起步情况下，只能短时间停顿，禁止长时间使用"半联动"，避免造成离合器打滑、烧损；避免抬起离合器踏板时松开太快，造成离合器摩擦片碎裂。

4）离合器踏板自由行程是指分离杠杆内端后平面与分离轴承之间的间隙在踏板上的反映，这一行程（距离）是不起作用的。离合器踏板自由行程过大，造成压盘与摩擦片之间分离不彻底，使加减档困难；自由行程过小，容易造成摩擦片打滑、烧蚀，加速分离轴承与分离杠杆之间的磨损，使传动效率降低，甚至使汽车不能起步，直接影响离合器正常使用。离合器踏板自由行程示意如图 2-33 所示。

（三）加速踏板

操作加速踏板时，右脚掌轻放在踏板上，以右脚跟与地板的接触点为支点，靠脚尖的力量踏下或放松抬起。踏下踏板时，发动机转速提高，反之降低。正常行驶中，操纵加速踏板要轻踏慢抬。

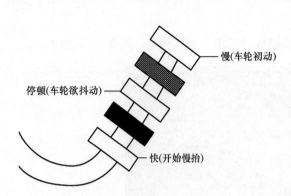 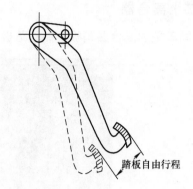

图 2-32　离合器踏板操作使用情况　　　　图 2-33　离合器踏板自由行程示意

（四）制动踏板

制动踏板又称脚制动，是控制汽车减速或停车的主要操纵机件。操纵制动踏板时，右脚跟以地板为支点，脚掌中部踩在制动踏板上，用力踩下或放松制动踏板，可以使汽车减速、停车。

常用的制动方法有：先轻踩后重踩；先重踩后轻踩；"踩下一抬起一踩下一抬起"的循环操作（点制动）；立即踩到底（紧急制动）。

踩下踏板的用力程度以及踩下踏板行程的多少，应根据汽车的行驶状况和道路交通情况、需要降低车速的程度和停车距离来确定，以达到平稳减速或停车的目的。

制动踏板和离合器踏板都有一个自由行程。离合器踏板自由行程同制动踏板自由行程的长短不一样，但在驾驶室内的结构是一样的，如图 2-33 所示。

制动踏板自由行程过大，容易造成制动迟缓、制动力降低，使制动距离增长；制动踏板自由行程过小，容易造成制动鼓（盘）发热，制动效率降低。

（五）驻车制动操纵手柄

驻车制动操纵手柄又称手制动。东风 HQ1131FD 车型驻车制动操作方法：四指并拢，大拇指放在操纵手柄上，将操纵手柄拉紧，即可起到制动作用；放松驻车制动时，先将操纵手柄拉起，大拇指同时按下按钮，再将操纵手柄放到底，即可放松解除驻车制动。如图 2-34a 所示，拉起驻车制动操纵手柄为驻车制动状态，放下驻车制动操纵手柄为制动解除。

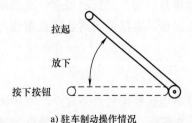 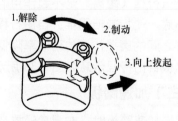

a) 驻车制动操作情况　　　　　　b) 大型货车驻车制动操纵手柄操纵方法

图 2-34　驻车制动示意

☀ 提示：驻车制动操纵手柄应该拉到位，以手感觉有阻力为好。如果拉得过松，驻车制动力不足，容易造成车辆溜动，出现事故；如果拉得过紧，放松驻车制动时比较困难。

大型货车驻车制动操纵手柄操纵方法如图 2-34b 所示。

（六）变速器操纵杆

变速器操纵杆又称变速杆，驾驶人通过操纵变速杆可以将变速器内的齿轮组合成不同啮合关系（组成档位），称为换档。手动变速杆球头的握法：右手的掌心贴在球头上，五指自然将球头握住，根据车辆档位的分布情况，进行加档、减档，实现档位变换。

三、上下车要求、安全带使用和后视镜调整

（一）上车

1）上车时，首先观察车辆轮胎及四周情况，查看车辆前面或后面是否有异物以及车辆底部有无渗漏（漏水、漏油）情况。如有，应清除异物并对渗漏作进一步检查。图 2-35 为车辆轮胎气压较低情况。图 2-36 为车辆下面有渗漏情况。

图 2-35　车辆轮胎气压较低情况　　　　图 2-36　车辆下面有渗漏情况

2）驾驶人在确认车辆正常、不影响行驶时，方可就车。上车时，左手握住左侧把手拉开车门，再次观察车辆左后方情况是否影响其他车辆通行。

3）拉开车门，首先把脚踩在踏板上，左手抓住扶手，使身体进入驾驶室左侧位置，然后身体向座位移动，左手顺势抓住车门内饰扶手，右脚放在制动踏板下面，左脚放在离合器踏板下面，左手轻关车门，随后系好安全带。

（二）驾驶姿势

1）正确的驾驶姿势是驾驶安全、舒适的重要环节。上车后，身体正对转向盘坐稳，两眼平视前方，视线高度以超过转向盘上边缘为好。

2）两手分别握住转向盘两侧正确位置，两肘自然下垂稍微弯曲，转向盘下边缘距离身体不小于 10cm，后背紧贴于座椅靠背。

3）左脚以能舒适地把离合器踏板踩到底，右脚前脚掌能踩到加速踏板并且能把制动踏板踩到底为宜，若座位不舒适要进行调整。

4）汽车普通座椅通过手动拉杆进行调整，座位、靠背是通过旋转、扳动座位调整把手进行调整的，如图 2-37 所示。电动座椅通过按钮调整。

（三）下车

1）下车前，右手大拇指按下安全带锁销开关，其余四指握住并解开安全带，交给左手，使其慢慢收回。

2）从左后视镜观察车辆左侧后方道路交通情况，如图 2-38 所示，看是否有机动车、非机动车、行人通过。

3）在不妨碍交通安全时，开启车门从缝隙中再次向车左后侧观察，如图 2-39 所示，在确定无影响交通安全的情况下，开启车门自然下车，下车后随手关好车门。

图 2-37　汽车普通座椅的调整

图 2-38　从左后视镜观察车辆左侧道路交通情况

图 2-39　开启车门向后观察车辆左侧道路交通情况

（四）安全带的使用方法

左手轻轻拉出安全带，右手握住安全带锁扣，顺势将锁扣插入安全带座孔，下面一根应在大腿上面与小腹部之间，斜边一根从左肩经过胸前连接锁扣，形成三角形分布。避免从脖颈通过，以防发生危险。

（五）后视镜调整

正确调整和使用后视镜，对行车安全具有重要作用。

1）左后视镜：上、下位置是把远处的地平线置于中央，即地面与景物各占 1/2，左、右位置则调整至车身占据镜面范围的 1/4，景物占 3/4。

2）右后视镜：因为驾驶座位位于左侧，因此驾驶人对车辆右侧的掌握不是那么容易，再加上有时路边停车的需要，右后视镜在调整上、下位置时，地面面积要较大，约占镜面的 2/3。而左、右位置则同样调整到车身占 1/4，景物占 3/4 即可。

3）中央后视镜：左、右位置调整到镜面的左侧边缘正好切至自己在镜中影像的右耳际，从中央后视镜里是看不到自己的；而上、下位置则是把远处的地平线置于镜面中央即可。

四、汽车发动机的起动、升温与熄火

汽车发动机的正确起动、升温与熄火，不仅可以减少污染、降低燃油消耗，还可以延长车辆的使用寿命。

（一）汽车发动机的起动

1. 起动前的准备

汽车发动机起动前除了进行正常的日常检查之外，还要做好如下准备。

1）起动发动机前，应拉紧驻车制动操纵手柄，将变速杆置于空档位置。

2）低温起动发动机时，应借助预热装置预热发动机。

3）高寒地区汽油车配备有摇手柄，可以用摇车的方法使发动机充分运转；柴油车可以借用喷灯进行加热，但要防止火灾发生。

2. 起动步骤

将汽车钥匙插入锁孔，打开电源总开关，检查变速杆是否在空档位置，右脚放在加速踏板上，稍微踩下一点，扭转钥匙将车辆起动。起动后观察各仪表工作是否正常。无钥匙起动的，按下起动按钮。

（1）汽油车的起动

正常气候条件下，接通电源总开关，打开点火开关，使点火开关至起动档位置；每次起动不得超过 5s，第二次起动的间隔时间不得少于 10s，连续 3 次仍不能起动车辆，应做进一步检查后，再次按要求起动车辆。

（2）柴油车的起动

接通电源总开关，打开点火开关，使点火开关至起动档位置；用起动机起动每次不得超过 5s，第二次起动的间隔时间不得少于 10s，连续 3 次仍不能起动车辆，应做进一步检查后，再次按要求起动车辆。

> ☀ 注意：1）汽油车起动后应稍踩下加速踏板，避免猛踩加速踏板，这会使发动机高速运转，使发动机不正常磨损增加。
>
> 2）柴油车起动后，不允许长时间怠速运转，怠速运转时间不得超过 5s。在冬季，使用预热装置时，车辆起动后应迅速关闭。

（二）发动机起动后的升温

1. 汽油车发动机升温

汽油车发动机起动后，要使发动机转速稍高于怠速运转，使发动机逐渐升温。当发动机上升至 50℃左右时，检查发动机以低、中、高速运转时的工作情况。

2. 柴油车发动机升温

1）柴油车发动机起动后，要使发动机转速稍高于怠速运转，发动机转速在 600～800r/min 之间，使温度逐渐升高。

2）检查机油压力是否正常，充气气压表指针是否正常，充电电压是否正常，其他仪表工作是否正常。发动机温度不超过 60℃ 时，不得猛踩加速踏板。

3）当发动机的温度上升到 50～60℃ 时，检查各机件运转有无异常声响或其他异味。

（三）汽车发动机的熄火

1）汽油车发动机熄火时，要关闭点火开关，有电源总开关的要切断电源总开关。

☀ 注意：在发动机熄火前，切记不要猛踏加速踏板（轰空油），造成发动机加速磨损，增加燃油消耗和污染。

2）柴油车发动机熄火时，关闭点火开关即可使发动机熄火；有的车辆采用脚踩按钮或手拉拉杆的方式使发动机熄火。当发动机熄火后，再关闭点火开关，扳动电源开关或转动电源总开关手柄，切断电源。

☀ 注意：车辆停驶后，不要急于将发动机熄火，而是使发动机再运转 5s 左右再熄火。严禁熄火前猛踏加速踏板。

五、起步与停车

（一）平路起步

1. 起步操作要领

起步时要保持正确的驾驶姿势，注视前方道路上的交通情况，不得低头向下看。

1）左脚踏下离合器踏板，右手将变速杆挂入低速档。

2）观察车辆左侧周围情况，开启左转向灯，鸣喇叭，确认安全后，握稳转向盘，松开驻车制动操纵手柄。

3）左脚按"快—停—慢"的动作要领放松离合器踏板，同时缓慢踏下加速踏板，使车辆平稳起步。进入正常行驶路线后，关闭转向灯开关。自动档车辆平稳踩加速踏板即可。

☀ 提示：正确的起步，应使车辆平稳而无前冲、抖动、熄火的现象。平稳起步的关键是离合器半联动时机的掌握与加速踏板的密切配合。在松抬离合器踏板的过程中，开始时应稍快，当快抬至发动机声音有所变化（转速降低、声音沉重），车身稍有抖动时，应将离合器踏板在此位置稍停一下，同时徐徐踏下加速踏板，再慢慢抬起左脚，直至完全放松。如果在起步过程中感到动力不足，发动机将要熄火，应将离合器踏板再踏下一些，适当踩下加速踏板，重新起步。

☀ 注意：起步时离合器踏板与加速踏板的配合要领可归纳为：左脚快抬听声音，音变车抖稍一停，右脚平稳踩加速踏板，左脚稳抬车前进。

2. 起步的注意事项

1）只有当制动气压表里的气压达到 5.5kPa（液压制动除外），驻车制动指示灯熄灭后，弹簧制动才会完全解除，此时松开驻车制动操纵手柄，汽车方可起步，指示灯熄灭前不得起步。一般情况下，在平坦坚实的道路上空车起步，可用 2 档，重车可视情况用 1 档或 2 档。图 2-40 所示为东风 EQ1118G 车型电压表、气压表分布情况。

2）驻车制动指示灯熄灭后，各操纵助力系统（如离合器助力缸、副变速器的气动换档等）才能工作。起步前储气筒气压必须达到7kPa，以保证制动器起制动作用。

3）踏下离合器踏板，挂1档或2档起步。

图 2-40　电压表、气压表分布情况

（二）停车

车辆停放应选在道路宽阔、视线良好，且不影响交通的地方，要求顺位停放，车辆的右侧距离路边小于30cm，如图2-41所示。

1. 停车的操作要领

1）松开加速踏板，打开右转向灯，从右后视镜观察车辆右侧情况。

2）根据停车目标距离的远近，适当踏下制动踏板，当车速较慢时，踏下离合器踏板，使车辆平稳停下。

3）车辆停稳后，拉紧驻车制动操纵手柄，将变速杆移至空档。

4）松开离合器踏板和制动踏板。

5）关闭转向灯，根据需要关闭点火开关。

图 2-41　车辆停放距离路边的情况

6）车未停稳不得拉驻车制动操纵手柄，不得用挂档抬离合器踏板的方法使车辆熄火。

2. 注意事项

1）大型货车严禁将应急制动作为驻车制动使用，以免因压缩空气泄漏失去制动作用。

2）平稳停车的关键是要根据车速的快慢，正确地运用制动。若停车距离较近，车速又较快时，制动踏板应踩得重一些，使车速能很快降低。车辆将要停住时，适当放松一下制动踏板，然后再稍加压力，增加制动力，平稳停车。

六、档位的运用

汽车的行驶速度随着道路条件和交通情况的变化而改变，因此，行驶中手动档变速器需要经常变换档位，以适应交通情况的变化。

（一）档位的区分与运用

1. 档位的区分

汽车变速器分为手动档和自动档两种。一般大型货车都是手动档，设6～8个前进档，如图2-42所示。每个车辆都设有1个倒档（R），用于完成车辆后倒。

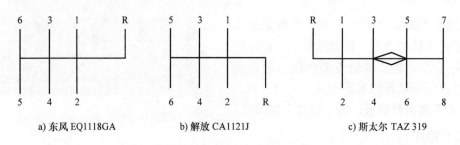

a) 东风 EQ1118GA   b) 解放 CA1121J   c) 斯太尔 TAZ 319

图 2-42   大型货车的档位设置情况

2.档位的运用

换档的实质是改变发动机与变速器输出轴的变速比。档位越低，驱动轮的转速也越低，行驶速度则慢，但获得的转矩和牵引力大；档位越高，则相反。因此，<u>低速档适用于起步、爬坡、通过困难地段等行驶阻力大的路段</u>；<u>中速档适用于转弯、过桥、会车、一般坡道等</u>；<u>高速档适用于在较好路况下长距离行驶</u>。行驶中，<u>尽量使用高速档位</u>，以节约燃油，充分发挥车辆的快速机动性能。

（二）换档的操作要领

换档的操作要领可归纳为八个字：<u>及时、正确、平稳、迅速</u>。

1）<u>及时</u>：掌握合适换档时机，既不应加档过早，也不应减档过晚。

2）<u>正确</u>：离合器踏板、加速踏板、变速杆的配合要正确、协调，位置要准确。

3）<u>平稳</u>：换入新的档位后，放松离合器踏板要及时平稳。

4）<u>迅速</u>：动作要迅速，以缩短换档时间，减少车辆动能损失，降低燃油的消耗。

（三）换档注意事项

1）换档时要始终保持正确的姿势，两眼注视前方，不得低头下看，以防发生事故。

2）变速杆挂入空档后，不得来回摆动，以免错过换档时机和造成机件不必要的磨损。

3）挂档困难时，不得用力强行挂档，以免损坏机件或造成同步器的早期损坏。

4）上坡时，加档"冲车"距离要适当延长，动作要快。减档要特别注意发动机声音和车速的变化，做到及时、迅速、准确减档，避免因减档过迟或动作太慢而造成连续减档。

5）4×4 驱动的车辆，分动器只有在车辆处于停止状态或相当于步行速度时才能进行换档，换档时必须分离离合器。当车辆因故障被拖行时，尤其是在被长距离拖行时，应将分动器与各桥之间的传动轴拆下，以免变速器因润滑不良而烧损。

6）在严寒季节，车辆初次起步后，要用低速档缓慢行驶一定的距离，待传动系统各部机件得到充分润滑后，再逐级换入高档，以免损坏机件。

（四）货车换档注意事项

1）货车从低档区换入高档区（或从高档区换入低档区）时，离合器踏板应踏至压力点（踩到底），使离合器彻底分离，避免变速器接合齿或同步器早期损坏。应经常检查离合器是否分离彻底，以及离合器踏板自由行程是否符合要求。货车有 8 个前进档的，档位转换时在空档有一个控制锁，操作时，手稍微用力就可以完成"低速—高速—低速"的转换。

2）必须在车辆处于停止状态下挂倒档或爬行档。车辆满载起步时，必须用 1 档或爬行档。爬行档通常在坡道、满载起步或十分恶劣的路面上使用。

3）为使发动机经常在 1400~2000r/min 的最佳转速范围内运转，行驶中必须适时换档。换档时，要"冲车"合理、"加油"适当，加速踏板、离合器踏板及变速杆要密切配合。

4）根据车辆状况尽量使用两脚离合器换档。由于重型车辆的变速器较大，齿轮宽而且厚重，档位间隙相应较大，即使有同步器，换档过程中也必须持续施力，不可急于求成，用力猛塞。

（五）加、减档操作要领

由低速档换入高速档的过程叫加档，由高速档换入低速档的过程叫减档。

1．加档操作要领

1）加档前，应根据道路、交通情况，平稳地踏下加速踏板，逐渐提高车速，这一过程称为"冲车"。当车速适合换入高一级档位时，应立即抬起加速踏板，踏下离合器踏板，将变速杆移入空档位置；随即将变速杆换入高一级档位，然后边抬离合器踏板，边踏下加速踏板，使车辆继续平稳行驶。根据情况用同样的方法，可换入更高一级的档位。

平顺加档的关键在于"冲车"大小，"冲车"距离应根据所加档位的高低而定，档位越高，"冲车"距离越长。"冲车"时，加速踏板要稳踏、快抬；中速以下档位加档时，在换入高一级档位后，离合器踏板快抬至半联动位置，应稍停再慢慢抬起，使动力平稳传递，避免换档后引起车辆"前冲"。

2）加档时机。车辆行驶中，只要道路条件和交通情况允许，就应及时换入高一级档位。加档前，必须先加速"冲车"，以保证加档后有足够的动力，使车辆继续平稳行驶。"冲车"（车速）过小（低），会造成加档后动力不足和抖动现象；"冲车"时间过长，发动机长时间高速运转，会加剧磨损，经济性下降。因此，"冲车"要适当，加档要及时，加档的时机应根据发动机声音、转速、动力的大小来确定，如果加档后踏下加速踏板，发动机转速下降，动力不足，则说明加档时机过早。

2．减档操作要领

1）减档要领。放松加速踏板，迅速踏下离合器踏板，将变速杆移入空档，然后将变速杆移入低一级档位（或越级减档），按"快—停—慢"的要领放松离合器踏板，使车辆在新的档位继续行驶。

2）减档时机。行驶中，当感到发动机动力不足，车速逐渐降低，说明原档位已不能维持正常行驶，应及时、迅速地换入低一级档位。若车速明显降低，可以越级减档。

（六）限定距离换档

限定距离换档是在掌握正确换档动作的基础上，为了进一步提高换档动作的速度和准确性而进行的一种强化练习方法。分为 100m 加减档、70m 加档、30m 减档和 50m 加档、20m 减档等形式。图 2-43 为 100m 加减档练习、考试场地区域情况。

图 2-43　100m 加减档练习、考试场地区域情况

1. 操作要领

1）车辆起步后，不冲车即可加 2 档；再轻踏加速踏板，稍加冲车即可加 3 档，用同样的方法加至最高档。随着档位的提高，冲车距离要逐渐增加。

2）加至最高档车速不低于规定速度时，应立即松开加速踏板，降低车速，开始逐级减至最低档。

2. 操作要求

1）在平直路段上画出起始线、减档线和终点线，车辆在起始线停稳，保险杠与起始线平齐。

2）驾驶人驾驶车辆由起点线出发，由 1 档起步，在 100m 内完成从最低档逐级加至最高档。

3）操作中要做到动作迅速、准确、不拖档。

（七）上坡转弯换档

1. 场地设置

弯道夹角不大于 100°，内夹角距交点 lm 处修成弧形，并画两条与路边线垂直的标线，标出换档区域，如图 2-44 所示；坡道仰角不小于 6°；路宽为车宽加 2m（弯道左右均可）。

2. 操作要领

1）车辆驶进弯道时，应尽量靠道路外侧边线行驶。

图 2-44　上坡转弯换档区域情况

2）用左手操纵转向盘，右手迅速将变速杆换入所需档位。

3. 操作要求

1）保险杠进入换档区后，方可转动转向盘，换档动作要迅速准确，不得有齿轮撞击声。在前保险杠未出换档区前完成操作动作。

2）换档区内不得停车、熄火，不得压线。

（八）制动减档

车辆在行驶途中，若道路前方交通情况突变，需要采取制动措施，车速变化较大，现在的档位不能行驶前进，要减至合适的档位。如在下坡途中，需要迅速降低车速，应采用制动减档的方法换档。

1. 操作要领

迅速踏下制动踏板，使车速降到所需档位的最低速度，立即踏下离合器踏板，将变速杆置入空档并迅速换入所需档位。

2. 操作要求

制动减档时，动作要迅速、及时、准确，不得低头。可以越级减档，但要根据车速的情况进行，换入所需要的档位。

七、转向的运用

汽车在行驶中，需要经常改变行驶方向，驾驶人必须根据汽车的行驶速度、交通情况适时地转动转向盘，并做到动作敏捷，转向平稳。

（一）最小转弯半径和内、外轮差

最小转弯半径和内、外轮差是影响汽车转弯角度的主要因素。

1．最小转弯半径

将转向盘向左（右）转到极限位置，使车辆绕圆周行驶，其外侧前轮轮迹至转向中心的距离称为汽车最小转弯半径，如图 2-45 所示。最小转弯半径是由车辆的最大转向角及其轴距决定的。最大转向角越大、前后轴之间的距离越短，则汽车最小转弯半径越小，转弯就灵活、容易，反之转弯就困难。由于汽车的转向角及轴距在制造时已经确定，决定了汽车的最小转弯半径也不再改变，所以当驾驶最小转弯半径较大的汽车转弯时，要注意不要使外前轮越出路外或碰及障碍物。当驾驶最小转弯半径较小的汽车转弯时，要注意不要使内后轮越出路外或碰及障碍物。

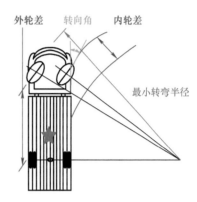

图 2-45　最小转弯半径和内、外轮差情况

2．内、外轮差

内轮差是指汽车转弯时，前后内侧车轮转弯半径之差；外轮差是指汽车转弯时，前后外侧车轮转弯半径之差，如图 2-45 所示。内、外轮差的大小与转向角及轴距有关，转向角越大，内、外轮差就越大；轴距越长，内、外轮差也越大，反之，内、外轮差就越小。汽车拖带挂车时，更要引起注意。

（二）转弯的操作要领及注意事项

1．转弯操作要领

汽车转弯时，要根据路幅宽度、车速、弯道缓急等条件及车辆在道路上的位置，来确定操纵转向盘的时机和速度，做到平顺、安全。操纵转向盘时，要做到一手拉动，一手推送，相互配合，快慢适当。通常，遇到较缓的弯道应早转慢打，少打少回，慢打慢回；遇到急弯则要快速转动转向盘，必要时用"交叉法"，两手交替操作；当车头将要接近新的行驶方向时，及时回正转向盘。

2．转弯注意事项

1）行驶中遇到视线不良，无法看清道路前方情况时，应做到"减速、鸣号、靠右行"。即汽车在接近弯道时，适当降低车速，鸣号，靠道路的右侧行驶。左转弯转大弯，留出对方行车车道；右转弯转小弯，留出非机动车车道。根据弯道情况确定转向时机和速度，并做好随时减速或停车的准备。

2）转弯时，车速要慢，以免因离心力过大造成汽车侧滑或侧翻。若发生侧滑，应立即放松加速踏板，必要时将转向盘向后轮侧滑的一侧转动，待恢复正常行驶方向后，再回正转向盘继续行驶。

3）转弯时，转动转向盘不能过快、过急，应做到平稳转向。

4）汽车转弯时，应尽量避免制动，特别是紧急制动。

（三）"8"字形转向练习场地

1. 场地设置

外径 R=1.8 ～ 2 倍车长，路宽 C= 车宽 + 1m，两内圆距离 L= 路宽 + 0.2m，入口长 A=1 倍车长，入口宽 B=3 倍车宽，如图 2-46 所示。

2. 操作要领

"8"字形训练场地设置情况如图 2-47 所示。

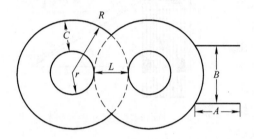

图 2-46　"8"字形场地设置

图 2-47　"8"字形训练场地设置情况

1）车速不宜太快，以中速档为宜。踩踏加速踏板要平稳，行进中汽车随时都在转弯状态，前轮阻力较大，如加速踏板踏下不足，会使车辆行驶动力不足，甚至造成发动机熄火；若踏下较大，则造成车速过快，不利于转向盘的修正。

2）汽车行进时，要使前外轮尽量靠近外边缘线。

3）汽车行至交叉点时，应迅速向相反方向转动转向盘。

4）转向要快而适当，修正要及时少量。

3. 操作注意事项

1）不得从两环交会处进入场地。

2）汽车前后轮均不准越出路边边缘线。

3）汽车行至交会处做一次加（减）档动作。

4）动作要规范，车速要平稳，不得熄火。

（四）通过"S"形路

"S"形路、"U"形路、蛇行路都是曲线行驶的一种形式，不同的是一个有规则，一个无规则，但是转弯的操作要领基本上是一样的。图 2-48 所示为曲线行驶道路情况。

1）当车辆进入曲线行驶科目时，降低车速，尽量保持匀速行驶，从弯道的开始地点，使车辆的左前轮靠近道路的车道分界线

图 2-48　曲线行驶道路情况

行驶，这样就保证了外轮差，即右后轮有较大的距离，不会造成右后轮轧到道路的边缘；在车辆行进中，任何一个车轮都不能轧边缘线，要运用转向盘及时修正。

2）当车辆行驶到两个半圆交接处中间位置时，使车辆向道路的右侧行驶，当后轮中心线通过交接处时，使车辆的右前轮靠近道路的右边缘，同时应考虑到左后轮不能轧道路的车道分界线，即考虑内轮差的行驶轨迹。在行进的过程当中，车辆的任何一个车轮都不能轧边缘线，出现偏差要运用转向及时修正。

3）在车辆行驶中，转向盘要少打少回，及时修正，正确把握转向盘，避免猛打、乱打转向盘以致于忙中出错；避免行驶中速度忽快忽慢，造成心理紧张。

（五）大型加长车辆操作注意事项

大型加长车辆除掌握一般道路驾驶技能外，还要注意大型加长车由于行驶阻力、惯性力和内外轮差相应增大，必须正确选择路面和跟车车距，准确判断情况，熟练地控制车速和转向。既要考虑车头的安全，也要考虑后面的车身是否能够顺利通过。

1）起步、停车、运用制动要平稳，换档要迅速、敏捷。加档时，冲车距离要适当加大，减档时机适当提前，以免换档后行驶困难。

2）由于大型加长车辆总长度增加，因此，行驶中要严格掌握好转向，控制车速，选择良好路面，适当增加跟车距离，提前处理情况，正确选择制动方式，尽量避免紧急制动，防止车身产生侧滑。通过凹凸不平路面时，应提前降低车速，稳住加速踏板通过，以免引起车辆剧烈颠簸与振动。

3）下坡转弯或路面湿滑时，要提前降低车速并控制车速，减小离心力。通过急弯时，要正确判断前后车轮的内、外轮差，尽量靠弯道外侧行驶，以保证车辆顺利通过。

4）大型加长车辆在行驶过程中，严禁空档熄火滑行，因为熄火后动力转向系统失去助力作用，操纵转向盘的作用力要增加5~7倍，将造成因处理情况不及时而引发事故的严重后果。转急弯时要降低车速，换入低档靠外（右）侧行驶，充分考虑内轮差的影响，以保证车辆安全通过弯道。

八、制动的运用

汽车在行驶中，由于道路交通情况的不断变化，常常需要及时减速或停车，这是通过操纵制动装置来实现的。

（一）制动停车距离

制动停车距离 = 反应距离 + 制动距离。

1. 反应距离

汽车在行驶中，驾驶人从发现危险情况，通过大脑反应、移动右脚，到右脚踏下制动踏板产生制动作用为止所经过的时间，称为驾驶人反应时间。反应时间的长短，取决于驾驶人思想集中程度和反应灵敏程度。试验表明，驾驶人反应时间通常为 $0.3 \sim 1.0s$，平均值为 $0.6 \sim 0.8s$。

反应距离是指驾驶人在反应时间内汽车所行驶的距离，即：反应距离 = 行驶速度（m/s）×

反应时间（s），由此可知，反应距离的长短，取决于车辆的行驶速度和驾驶人的反应时间。行驶速度快、反应时间长，反应距离就长；反之则短。

2. 制动距离

从驾驶人踏下制动踏板产生制动作用，到汽车完全停止汽车所行驶的距离，称为制动距离。制动距离的长短与汽车行驶速度、制动力和道路附着系数有关。

（1）行驶速度

汽车行驶速度越快，制动初速度就越高，制动距离就越长。在沥青或混凝土路面上行驶的汽车，制动距离为车速（km/h）÷10，再将所得结果自乘，即为制动停车距离。如汽车以40km/h速度行驶，制动距离=40÷10=4m，制动停车距离=4×4=16m。

（2）制动力

制动力越大，制动距离越短。制动力大小在汽车制动性能良好的情况下完全取决于施加在制动踏板上力的大小。

（3）道路附着系数

路面的附着系数对制动距离的影响很大，不同的路面附着系数不同。汽车以相同的速度行驶，制动距离随着附着系数的下降而延长。以干燥路面与冰雪路面相比较，由于冰雪路面的附着系数小，汽车的制动距离要长得多。潮湿的沥青路面附着系数比干燥时小，制动距离更长。

（二）制动操作要领

制动可分为预见性制动、发动机制动和紧急制动三种。

1. 预见性制动

汽车在运行中，驾驶人对已发现的车辆、行人等交通情况及其变化，或预计到可能出现的复杂局面，提前有目的地使用制动，使汽车减速或停车，称为预见性制动。

操作方法：驾驶人发现情况后，立即松开加速踏板，利用发动机的牵阻作用降低车速，然后根据交通情况适当使用制动踏板，使汽车进一步减速。需要停车时，应在车速降到一定的程度后踩下离合器踏板，再踏下制动踏板，使车辆停下，做到既不熄火，又能平稳地在预定地点停车。预见性制动不仅能保证安全，还能使车辆始终保持一定的动力性和机动性，还可以节约燃油，避免发动机、传动系统机件和轮胎等受到不必要的损伤。因此，预见性制动是一种最常用的制动方法，要求驾驶人在行车过程中不断根据实际情况，灵活地操纵制动踏板，调节制动力来控制车速的变化，力求做到平稳、准确地减速或停车。

2. 发动机制动

以一定速度行驶的汽车，当放松加速踏板，不踩下离合器踏板，不放空档，也不采用其他制动措施，仅仅依靠发动机的牵阻作用，使行驶速度逐步下降，这一方法称为发动机制动。

发动机制动是一种辅助制动方法，适用于在山区公路下坡行驶，以避免下长坡时，因制动系统使用频繁而使车轮制动器过热烧蚀或严重磨损，降低制动效能。发动机制动也常常用于预见性制动和车辆停车前的滑行。在泥泞、冰雪路等滑溜路面行驶时，也应尽量使用发动机制动，能有效地预防侧滑。

3．紧急制动

车辆行驶中，遇到紧急情况时，需要发挥车辆的最大制动效能，在最短的时间内减速并停车，避免事故的发生，这一制动方法称为紧急制动。

操作方法： 发现紧急情况后，立即放松加速踏板，握稳转向盘，迅速有力地踏下制动踏板（必要时同时拉紧驻车制动操纵手柄），在即将停车时踏下离合器踏板。

紧急制动对汽车的传动装置，尤其是轮胎会造成很大的损伤，并且往往由于左、右车轮制动力不一致或路面的附着系数有差异，易于造成汽车跑偏或侧滑，使转向失控，发生交通事故，紧急制动是在运行过程中处置突发紧急情况而采用的应急措施，一般情况下不要使用。

4．制动操作要领

1）货车重载时，制动距离会加长，这不是车辆制动效能下降的结果，而是由于车辆装载后惯性大造成的。因此，重载行驶时，处理道路交通情况应提前，尽量用预见性制动，避免用紧急制动。

2）行车制动工作气压为 7kPa，如果储气压力降至 5.5kPa 以下，储气筒压力警告灯发亮，应立即停车，查找原因，排除故障。

3）排气制动：驾驶人通过驾驶室内排气制动操纵开关，封闭发动机排气管，同时也使喷油器断油。使用排气制动可以减少使用行车制动的次数，减少轮胎及车轮制动器的磨损与发热，延长其使用寿命，提高行车安全性。使用排气制动时应注意以下几点：

①下长坡时，可合理使用排气制动，不要长时间使用行车制动，以免制动器发热或制动气压过低导致制动效能变坏。

②在冰雪、泥泞路面上行驶时，使用发动机制动或排气制动可减少侧滑；在会车或通过较差路面时应提前减速，以有预见性地处理情况。

③在使用排气制动时，发动机转速不得高于 2000r/min；变速器在空档时，排气制动将失去作用；档位越低，排气制动的效率越高。

5．应急和驻车制动

1）应急和驻车制动通过控制阀手柄操纵，经前、后桥的弹簧制动缸起作用。当制动系统出现故障时，依靠弹簧制动，能自动实现应急制动。

2）只有当制动系统气压达到 5.5kPa、驻车制动指示灯熄灭后，弹簧制动才能真正被解除。

（三）制动方式的选择与使用注意事项

1）尽量利用发动机制动或排气制动，使车速降低，避免使用紧急制动。

2）下长坡时一定要控制车速，不要长时间使用行车制动，以免制动器发热或制动气压过低使制动效能变坏。大型货车尽量使用排气制动，利用排气制动时，应挂上与坡度相适应的档位，再松开离合器踏板。档位越低，制动效能越强。车速很高时，不得强行挂入低速档，防止"飞车"。

3）通过长而陡的坡道时，若使用行车制动时间过长，制动鼓发热、效能降低时应停车休息降温，恢复制动效能；大型货车除适时使用排气制动外，还要及时使用行车制动，必要时进行水冷降温，保证车辆的制动性能安全有效。

4）使用排气制动时，发动机转速不得超过 2000r/min。

> 💡 注意：变速杆在空档位置时，排气制动不起作用。

（四）前、后轮侧滑的预防

车辆行驶中，因路面潮湿、泥泞等原因，使用制动尤其是紧急制动时会出现轮胎侧滑的现象，引起车辆剧烈回转运动，严重时可使车辆就地掉头，甚至发生翻车事故。为了预防和减轻侧滑现象，可采取以下措施：

1）对没有防抱死制动装置的车辆，调整制动时，应尽量使前、后轴的车轮能同时抱死；特别要防止后轮先于前轮抱死的情况发生。

2）制动时，采用"间歇制动"的操作方法，使车轮尽可能地少抱死或不抱死。

3）出现侧滑时，应立即停止制动，并把转向盘向侧滑一方转动。

4）雨天行车，应降低车速，加速踏板运用要平稳，尽量采用发动机制动，或使用预见性制动。

九、灯光与喇叭的使用

（一）灯光的使用

1. 机动车应当按照规定使用灯光

1）灯光是传递汽车交通信号的行为指示，是机动车驾驶人之间，机动车驾驶人与非机动车驾驶人、行人之间的信息交流，是维护道路交通秩序的安全保证。机动车驾驶人正确使用转向灯信号，有利于交通安全，提高道路畅通能力，对保障人民生命财产安全是非常重要的。遵守交通安全法，是每个机动车驾驶人所担负的重要责任。

2）向左转弯、向左变更车道、准备超车、驶离停车地点或者掉头时，应当提前开启左转向灯。

3）向右转弯、向右变更车道、超车完毕驶回原车道、靠路边停车时，应当提前开启右转向灯。

2. 其他灯光及信号使用

1）汽车在夜间没有路灯、照明不良或者在有雾、雨、雪、沙尘、冰雹等低能见度情况下行驶时，应当开启前照灯、示廓灯和后位灯，但同方向行驶的后车与前车近距离行驶时，不得使用远光灯。

2）汽车雾天行驶应当开启雾灯和危险警告闪光灯。

3）汽车在夜间通过急弯、坡路、拱桥、人行横道或者没有交通信号灯控制的路口时，应当交替使用远、近光灯示意。

4）汽车在道路上发生故障，需要停车排除故障时，应立即开启危险警告闪光灯，将汽车移至不妨碍交通的地方停放；难以移动的，应当持续开启危险警告闪光灯，并在来车方向设置警告标志等措施扩大示警距离，必要时迅速报警。

5）汽车在道路上发生故障或者发生交通事故，妨碍交通又难以移动的，应当按照规定开启危险警告闪光灯并在车后 50～100m 处设置警告标志，夜间还应当同时开启示廓灯和后位灯。

（二）汽车喇叭的使用

车用喇叭是汽车通过音频传递交通行驶信号的装置，它是利用声源传播的声音对有行为能力的自然人的一种提醒和威慑。学会使用喇叭处理情况是保证行车安全的一种手段，巧妙地运用汽车喇叭进行交流，处理交通行为中遇见的各种情况，对每一个机动车驾驶人来说是非常重要的。

初学机动车驾驶时要多留心体会使用喇叭处理情况的技巧和奥妙。下面介绍几种简捷的使用方法。

1．短喇叭

喇叭"呜"一声，是提醒路边行人或车辆，后面有车辆通过；喇叭"呜"两声，是提醒行人或车辆，后方来车注意让行，保证安全。在较窄的路段，对主动停车礼让的车辆，要在会过车后，回短喇叭或者点头示意，表示感谢。

2．长喇叭

喇叭响的时间稍长，即一声长"呜"，用于提醒行人或车辆，情况比较危险，应停止行动或尽快避让；喇叭"嘀嘀"地响个不停，说明情况十分紧急，用于提醒行人或车辆，危险马上就要发生，应立即停止行动，避免发生交通事故。

3．长、短（短、长）结合

根据情况发生的变化，采用短长、长短结合的方法，处置交通行为的转化，包括由一般情况转化为紧急或者由紧急转化为一般情况两种。

4．注意事项

1）汽车在驶近急弯、坡道顶端、盲区等影响安全视距的路段时，应当减速慢行，并鸣喇叭示意，根据自己对情况的判断，使用喇叭可长可短。

2）在规定禁止鸣喇叭的区域、路段严禁鸣喇叭；情况紧急时，尽量用短喇叭，"呜"一两声即可，切勿违反规定扰民生事。

3）汽车进入市区禁止鸣高音喇叭（气喇叭）。

十、倒车、倒库与车辆停放

（一）倒车

1．倒车的观察方法

后倒前应观察车后及两侧的情况，防止发生意外，然后根据汽车的外部轮廓、装载宽度、高度以及地面障碍物的高低等情况采取不同的观察方法，通常有以下 3 种。

（1）后方直接观察倒车的方法

左手握住转向盘上缘，上身向右侧转，右臂依托在靠背上，自然向后转头，从后窗中部观察车后方目标。此方法适用于后方视线宽阔、道路较为空闲时的较远距离后倒。

（2）侧方倒车的观察方法

左手打开车窗玻璃，上身左斜探出驾驶室，右手握于转向盘的上缘，自然转头向后注视后方目标。这种方法只能看见道路左侧的情况，因此倒车前要先了解道路的宽度、周围环境的大致情况，确认安全后方可进行。

（3）观察后视镜倒车的方法

通过左、右后视镜间接地观察目标，判断车辆与道路的相对位置。由于视线受到限制，观察范围小，有时还模糊不清，所以这种方法适用于短距离后倒。

> 注意：利用后视镜倒车要以左后视镜为主，右后视镜为辅，切记不要只顾一边。

2. 倒车要求

汽车倒车时，应先观察好周围的环境，必要时应下车察看，并选好倒车时的参照物，注意前后行人、来车等，鸣喇叭，发出倒车信号，然后将变速杆挂入倒档。根据实际情况选择合适的倒车观察方法。倒车时，加速踏板使用要平稳，离合器要配合得当，车速一般不超过5km/h，尽量减慢车速，不可忽快忽慢，防止熄火或因倒车过猛而发生危险。

3. 倒车练习

（1）直线倒车

直线倒车时，应使前轮保持正直。转向盘的运用与前进时相同，若车尾向左（右）偏斜，应立即向右（左）进行适当的修正。

> 注意：修正转向盘时要少打少回，回转向盘的时机要稍提前，以保证车辆直线后倒。在倒车过程中应避免车辆熄火。

（2）曲线倒车

曲线倒车时，应先看清车后情况，在具备倒车条件的前提下方可倒车。倒车时，欲使车尾向左（右）转弯，转向盘也应向左（右）转动。急转弯时，转向盘应转得多且快；弯缓时，转动转向盘应少而慢，要做到"慢行驶、快转向"。倒车转弯时，在照顾全车动向的前提下，还要特别注意前外侧车轮或翼子板（保险杠）是否会驶出路外或碰及障碍物。在倒车过程中，后轮应尽量靠近桩位或障碍物，以便及时修正方向避让障碍物。曲线倒车可以利用"S"形路和曲线行驶路线进行练习。

（3）指挥倒车

指挥倒车，需要两人配合共同完成。操作时，指挥人员要站位合理，判断准确，手势正确，一步一动，头脑清楚，指挥果断。

指挥人员预备姿势：身体成立正姿势面向驾驶人，平举双手，与肩同高、同宽，五指并拢伸直，掌心面向驾驶人，大臂与身体成90°，小臂与大臂保持90°并做好准备。

指挥车辆前进：掌心转向180°，手背对向驾驶人，小臂与肘关节为支点向指挥员身体摆动30°，完成车辆前进。

指挥车辆后倒：掌心面向驾驶人，小臂与肘关节为支点向驾驶人方向摆动30°，完成车

辆后倒。

指挥车辆前进、后倒可以利用左、右手掌心的变化组合完成。

指挥车辆向左转向：左手姿势不变，右手伸直与肩同高，与身体成90°，右手掌心面向驾驶人，向下摆动45°，完成向左移动（左手掌心方向代表车辆的行驶方向）。

指挥车辆向右转向：右手姿势不变，左手伸直与肩同高，与身体成90°，右手掌心面向驾驶人，向下摆动45°，完成向右移动（右手掌心方向代表车辆的行驶方向）。

指挥车辆停止：手指迅速握拳，拳心面向驾驶人；或者左手扶于右拳、右手扶于左拳成交叉姿势使车辆迅速停止。

（二）倒库

1．场地设置

车库长为车长加100cm，库宽为车宽加80cm，路宽为1.5倍车长，如图2-49所示。

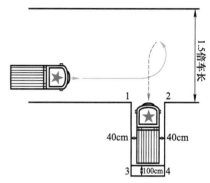

图 2-49　倒库示意

2．操作要领

1）前进。使车辆紧贴车库一侧的边线前进，当转向盘与库门1杆平齐时，迅速向左将转向盘打到底。当前进至前轮距边线约1m时，迅速回转向盘一两把，立即停车。

2）后倒。用左、右后视镜观察，选好倒车目标，向左（右）转动转向盘使车身靠近内侧库门桩位1杆进库，待车尾倒入车库约1/5时，逐渐向右（左）转动转向盘，车身左（右）侧距离1（2）杆20~30cm，进库、迅速观察3、4杆，从左后视镜观察到3杆时，迅速将转向盘向左回正，同时从右后视镜观察车身与4杆距离情况，使车身正直进入车库，车身偏左（右），可以调整。当车身尾位与车库两后桩位杆相距约20cm时，立即停车。

3．操作要求

1）一进一退，倒入车库。

2）不得中途停车，不得熄火。

3）车辆进退过程中，不刮杆、碰杆、压杆。

4）操作中不准原地转动转向盘。

（三）车辆停放

1．途中临时停放要求

车辆在行驶途中须临时停车时，应注意以下几点。

1）要选择平坦、坚实、视距较长和不影响与其他车辆交会的路段，紧靠道路右侧停放，避免逆向停车，禁止与其他车辆在道路两侧并列停车。

2）要严格遵守交通法律、法规中有关停车的

图 2-50　车辆前面与路边停放情况

规定。图 2-50 所示为车辆前面与路边停放情况。

3）行驶途中，因发生故障而停车时，应设法将车辆移至道路右侧，以免妨碍交通或发生事故。若无法移至路边，要在车后 50～100m 处设置明显标志并开启危险警告闪光灯，以引起其他车辆的注意，确保安全、畅通。

4）装载易燃、易爆或其他危险品的车辆，应选择空旷、安全、远离建筑物的地点停放；不得在市区或人烟稠密的地方靠近其他车辆停放。停车时间必须派人看守，以防意外。

2. 市区道路车辆停放形式

汽车在市区内停放，应按规定停放在专设停车场或允许停放车辆的道路右侧，依次停放，保持停车间距，保证随时可以驶出。常用停车方式有平行停车、斜向停车、垂直停车、前进插空停车等。

（1）平行停车

如图 2-51 所示，车辆进入停车区，开启右转向灯，靠路边右侧不大于 30cm 的距离，低速行驶，进入车位时，车头距离前车尾部 50～100cm，立即停车。要求：车正轮正。

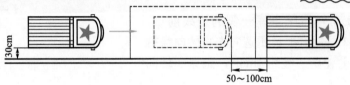

图 2-51　平行停车示意

（2）斜向停车

1）提前减速，接近停车位时．打开右转向灯，换入低速档，缓慢前进，车身尾位越过停车位后立即停车，如图 2-52 所示。

2）挂倒档起步，起步后逐渐向右转动转向盘，车身即将摆正时，逐渐向左回正转向盘，车头进入停车线后立即停车。

（3）垂直停车

如图 2-53 所示，提前减慢车速，接近停车位时，打开右转向灯，换入低速档，缓慢前进，车头离开停车位时，向左转动转向盘，一次不能完成进库，可再前进一次。车身与车库接近正直时，回正转向盘停车。按倒进车库的操作方法将车倒入停车位。停车后要求车正轮正。

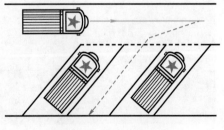

图 2-52　斜向停车示意

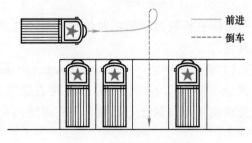

图 2-53　垂直停车示意

（4）前进插空停车

前进插空停车一般是在停车空间大于 2 倍车长时采用较为普遍，场地的选择和操作方法如图 2-54 所示。停车空间小于 1.5 倍车长时，宜采用后倒插空停放，操作要领在第三部分中介绍。

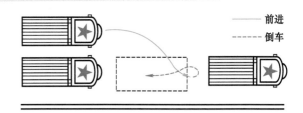

———— 前进
------ 倒车

图 2-54　前进插空停车示意

1）起步后，保持与右侧车辆 50 ～ 80cm 的横向距离低速行驶，当驾驶室前排座椅与右侧车辆保险杠平齐时，开始向右转动转向盘，使车靠近右侧车辆保险杠左端进入车位，当车右前轮驶过车位 1/2 位置时，开始向左转动转向盘，使车辆右前轮靠近路缘行驶，当前保险杠距前车尾部（或障碍物）50cm 时回转向盘停车。

2）后倒起步后，迅速向右转动转向盘，待车辆后轮处于车位中间位置时，修正转向盘，使车身正直后倒，当后保险杠距离后车 50cm 时，立即制动停车。可借助倒车影像观察。

十一、公路掉头

汽车在公路上掉头，必须遵守交通法规中的有关规定，在保证安全的前提下，尽量选择便于掉头的地点，如交叉路口、广场或平坦、宽阔、土质坚硬的路段。避免在坡道、窄路或交通复杂地段进行掉头，禁止在桥梁、隧道、涵洞或铁路交叉道口等处掉头。

（一）公路掉头操作方法

汽车公路掉头，常见的地点选择有以下几种方法（科目二公路掉头在后面重点介绍）：

1．一次顺车掉头

顺车掉头不需要进行倒车，可一次性完成掉头过程。在较宽的道路，应尽量运用一次顺车掉头，这样既方便、迅速，又能保证安全，不影响交通，如图 2-55 所示。

操作要领：车辆行驶到距离掉头地点适当距离（50 ～ 100m）处，降低车速，换入合适的档位（中、低速档），使车辆靠道路右侧行驶，打开左转向灯，同时注意观察前、后交通情况，到达合适的掉头地点时，向左转动转向盘，完成掉头。

2．前进与后倒结合公路掉头

在实际行车中，由于路幅宽度受到限制，很多情况下无法一次完成掉头，需要进行一次或多次后倒才能完成掉头，如图 2-56 所示。

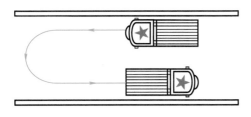

图 2-55　一次顺车掉头

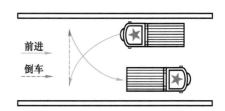

前进
倒车

图 2-56　前进与后倒结合公路掉头

操作要领：车辆驶近掉头地点后，提前降低车速，换入低速档，靠道路右侧行驶，开启左转向灯，同时注意观察交通情况。当车辆到达预定掉头地点后，迅速向左转动转向盘，等前轮接近路边时，迅速回转向盘停车。后倒时先看清车后的情况，必要时下车观察，然后鸣喇叭起步。起步后迅速向右转动转向盘，待后轮将要接近路边或车尾接近障碍物时，迅速向左转动转向盘并立即停车。经过一次后倒后，若能完成掉头，起步后迅速向左转动转向盘，完成掉头。

> ☀ 注意：如果经过一次后倒还不能完成掉头，可按上述方法进行多次操作，在前进、后倒过程中，尽量多前进、少后倒。在危险地点掉头时，车头应朝向危险的一边，以保证安全。如果在上（下）坡道上倒车，每次停车后要拉紧驻车制动操纵手柄，防止车辆向后（前）溜动。

3. 利用支线公路掉头

在有支线的丁字路口或十字路口，可以利用支线掉头，如图 2-57 所示。当支线在右侧时，应使车辆先在干线右侧行驶，当通过支线路口时停车，倒入右侧支线，然后左转前进行驶，实现掉头（图中虚线表示倒车）。当支线在左侧时，应使车辆先在干线左转弯驶入左侧的支线，过支线路口后停住，倒往右侧，实现掉头。

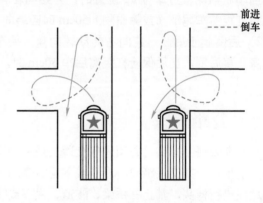

图 2-57　利用支线公路掉头

（二）注意事项

1）车辆掉头时，应严格遵守交通法规，在桥梁、隧道、涵洞、铁道口及设有禁止掉头标志的地点，严禁掉头。不宜在狭窄、交通繁忙和复杂的地段以及坡道上掉头，以防道路堵塞影响交通。

2）公路掉头时，应认真选择安全地段（尽量避开易滑路段）进行，尽量使车尾朝向安全一边，车头朝向危险的一边，以便观察情况。前进或后退时，不要挂错档位。

3）在有坡度地段，不论前进或后退，停车后须拉紧驻车制动操纵手柄。

4）掉头时，应严格控制车速，稳住加速踏板，酌情鸣喇叭，转向要及时灵活。

5）掉头时，不得打死转向，同时遵守倒车的有关规定。

6）城市道路行驶时，车辆在没有禁止掉头或者没有禁止左转弯标志、标线的地点可以掉头，但不得妨碍正常行驶的其他车辆和行人的通行。

第三部分 科目二操作要点

科目二是在规定的场地范围内完成规定的驾驶操作内容。全面掌握 16 个科目的操作要领和注意事项是掌握驾驶技巧的关键。

新驾考增加了准驾车型为 A1、A2、A3、B1、B2 的考试内容，提高了增驾和初次考试 B2 学员的考试难度。由于 16 项内容连考，不同程度上也增加了学员的恐惧感。

为了增强学员的学习信心，书中 B2 车型以东风 HQ1131FD 和解放 CA1168PK2L 为例，A1、A3 车型以江淮 HK6901G 为例，A2 车型以 CA4DF3-14E3F 为例，采用其他车型学习的也可以参考。书中对个别科目介绍了几种操作要领，以满足学员的要求。学员可根据自己的感觉、熟知程度，选择适合您的操作要领进行学习。

一、桩考（倒桩移库）

（一）桩考场地设置

A1、A3、B1、B2 倒桩移库包括倒进车库和侧方移位两部分，由甲、乙库和回车场桩位线组成，各桩位位置和行驶路线如图 3-1 所示，尺寸如下。

①～④、②～⑤、③～⑥号杆之间均为两倍车长。

①～②、②～③、④～⑤、⑤～⑥号杆之间均为车宽加 70cm。

回车场桩位宽度为 1.5 倍车长。起点距甲库外边线为 1.5 倍车长。

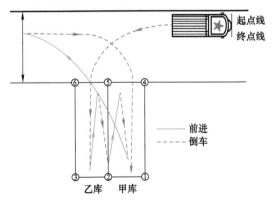

图 3-1 倒桩移库场地设置示意

（二）B2 车型操作要领

1. 直接观察法（操作要领以东风 HQ1131FD 车型为例）

（1）倒进乙库

车辆在起点位置时，应注意车身不可过于靠边，以免起步后倒转动转向盘时左翼子板或左前轮出线。通常，左前轮距路边约 200cm 为宜。

1）后倒前，调整好驾驶姿势，从后车窗中间观察 5、6 号杆，正直后倒。方法一：当右后车轮中间对正 5 杆时；方法二：从左后视镜支架下边观察，当后视镜支架接近起止线时，逐渐将转向盘向右打到底，并使车厢右后角朝向 5 号杆后倒，如图 3-2 所示。

图 3-2 逐渐将转向盘向右打到底，使车厢右后角朝向 5 号杆后倒

2）从后车窗中间观察，使车厢右后角朝向 5 号杆后倒，如图 3-3 所示。

图 3-3　从后车窗中间观察车厢右后角的位置

3）离 5 号杆 1m 左右时，右侧厢板后起第二个栏杆对准 5 号杆，向左稍回转向，使车厢右后角与 5 号杆保持 15 ～ 20cm 的横向距离倒入乙库，如图 3-4 所示。

图 3-4　右侧厢板后起第二个栏杆参考点对准 5 号杆

注意：看好观察点，转向盘打得过早容易刮 5 号杆，过迟容易刮 6 号杆或出 6、3 号杆桩位线。

4）当车辆尾部进入乙库后，自然回头从后风窗玻璃中间位置观察 2、3 号杆，待后挡板中间与 2、3 号杆中间接近对正时，迅速向左回正转向盘，使驾驶室后风窗玻璃中间和后挡板中心（或两车厢角）与 2、3 号杆中间保持等距离后倒（或三点一线后倒），如图 3-5 所示。

图 3-5　从后风窗玻璃中间位置观察 2、3 号杆

5）车辆尾部进入 5、6 号杆的后倒过程中，若发现车身偏斜，要求转向盘少打少回、及时修正，使车身保持正直后倒；当车辆尾部距 2、3 号杆桩位线约 20cm 时立即停车。如图 3-6 所示。

图 3-6　车辆尾部进入 5、6 号杆

注意：倒车入库，选择好观察点是关键。不同身高、不同车型，所选取的观察点也会有所不同，应当在练习中注意总结，找到适合自己的观察点。

（2）从乙库移至甲库（采用二进二退法）

▶步骤一　第一次前进

1）起步后迅速将转向盘向右打到底，如图 3-7 所示。

图 3-7　起步后迅速将转向盘向右打到底

2）当车前进到左翼子板中间对准5号杆时，迅速将转向盘向左打到底，如图3-8所示。

图3-8　当车前进到左翼子板中间对准5号杆时，迅速将转向盘向左打到底

3）当保险杠距5号杆桩位约80cm时，迅速向右回2~3把转向并停车，如图3-9所示。

图3-9　当保险杠距5号杆桩位约80cm时，迅速向右回2~3把转向并停车

▶步骤二　第一次后倒

1）起步后迅速将转向盘向右打到底，然后回头观察，如图3-10所示。

图3-10　起步后迅速将转向盘向右打到底，然后回头观察

2）当车厢后挡板左后角与2号杆对正时，迅速将转向盘向左回到底，如图3-11所示。

图3-11　当车厢后挡板左后角与2号杆对正时，迅速将转向盘向左回到底

☀ 注意：当车厢后挡板距2号杆约80cm时，立即回轮停车。应尽量向后倒，使后挡板接近2号杆。

▶步骤三　第二次前进

1）起步后逐渐将转向盘向右打，如图3-12所示，当左侧车轮进入甲库，使右前轮与1、4号杆桩位线保持约50cm的距离前进。

图3-12　第二次前进起步后将转向盘向右打

2）车辆进入甲库第二次前进时车头位置，如图3-13所示。

图3-13　车辆进入甲库第二次前进时车头位置

3）保险杠距离 1、4 号杆桩位线约 3m 时，向左打两把转向盘，使车身尾部移入甲库，如图 3-14 所示。

图 3-14　保险杠距离 1、4 号杆桩位线约 3m 时，向左打转向盘

4）当保险杠距 4、5 号杆之间的桩位线 80cm 左右时，向右回转向盘并停车。

💡 注意：尽量使保险杠接近 5 号杆，练习中要敢于大胆尝试。

▶步骤四　第二次后倒

1）此时，车身已基本移入甲库（或者移入 2/3），注意起步前应观察车辆所处的位置情况，避免过多转动转向盘造成车厢右后角出桩位线（出库）。起步后适当向右转动转向盘，并从后视窗中间观察，如图 3-15 所示。

图 3-15　车辆起步后适当向右转动转向盘时的距离情况

2）当后挡板右起 1/4 处对准 1 号杆时，迅速向左适当转动转向盘。

3）当驾驶室后风窗玻璃中间、后挡板中间与 1、2 号杆中间对正时，使两车厢角与 1、2 杆保持等距离后倒（或后挡板中心保持三点一线后倒）。

4）若发现车身偏斜，要求转向盘快打快回，少打少回，及时修正；当车尾后挡板距 1、2 杆约 20cm 时立即停车。

（3）斜穿出乙库至车道桩位线选位停车

1）起步后，逐渐向左转动转向盘，使车辆朝向 5、6 号杆之间前进，并在稍靠近 6 号杆约 20cm 的距离出库，如图 3-16 ～图 3-18 所示。

图 3-16　车辆朝向 5、6 号杆之间前进时的情况

图 3-17　车辆斜穿出库时的位置情况

图 3-18　车辆与 6 号杆的间距为约 20cm 时的情况

2）当左侧厢板后起 1/3 处（或后轮中心线）通过 5 号杆时，逐渐将转向盘向左打到底，如图 3-19 和图 3-20 所示。车辆出

库后，应修正转向盘，使车辆前进时右前保险杠与外侧车道线保持约 **80cm** 的距离。当车辆到达规定位置时，停车的位置应基本与外侧车道线平行并保持约 **200cm** 的横向间距。

图 3-19　从后车窗观察左侧厢板后起 1/3 处通过 5 号杆时的位置情况

图 3-20　车辆后轮中心线通过 5 号杆时，逐渐将转向盘向左打到底时的位置情况

☀ **注意**：尽量从 5、6 号杆中间通过，防止刮杆。

（4）倒入甲库

☀ **注意**：此次倒车非常关键，后倒前应先看清 4、5 号杆的位置。

1）起步后，正直后倒，当前起第三个栏杆对准 5 号杆时，如图 3-21 所示，逐渐向左转动转向盘，同时观察 5 号杆，如图 3-22 所示。使车厢左后角与 5 号杆保持 20~30cm 的距离进入甲库，如图 3-23 所示。

图 3-21　车辆前起第三个栏杆对准 5 号杆时的位置情况

图 3-22　前起第三个栏杆对准 5 号杆时，逐渐向左转动转向盘时的位置情况

图 3-23　车厢左后角与 5 号杆保持 20~30cm 的距离进入甲库时的位置情况

2）当车尾进入甲库后，应迅速回头观察 1、2 号杆，并及时修正转向盘，使两车厢角（或后挡板中心）与 1、2 号杆保持等距离后倒，如图 3-24~ 图 3-26 所示。

图 3-24　车辆尾部进入甲库时的位置情况

图3-25　车辆进入甲库及时修正转向盘时的
位置情况

图3-26　两车厢角（或后挡板中心）与1、2号杆
保持等距离后倒时的情况

3）当两车厢角与1、2号杆接近平齐时，立即停车，要求车正轮正，如图3-27和图3-28所示。

图3-27　从后车窗观察两车厢角与1、2号杆接近
平齐时的位置情况

图3-28　车辆后挡板与1、2号杆接近时的
位置情况

（5）开出甲库至下一个科目

起步后使车辆正直驶出甲库；待后车轮中心线通过4、5号杆后（注意：转向盘不要打得过早，防止刮杆、压杆），逐渐向右转动转向盘行驶至下一个科目，如图3-29所示。

图3-29　车辆正直驶出甲库，逐渐向右转动转向
盘行驶至下一个科目时的位置情况

2．后视镜观察法（操作要领以解放CA1168PK2L车型为例）

车辆在起点位置时，要做到车正轮正，注意车身左侧不可过于靠边，以免后倒向右转动转向盘时驾驶室左前角或左前轮出线，通常以左侧车身距道路边线保持200cm横向距离为宜，如图3-30所示。

图3-30　车辆在起点位置时的情况

（1）倒入乙库

1）车辆起步前，调整好驾驶姿势，挂入倒档后即通过驾驶室右后视镜向后观察，起步后，正直后倒，当观察到右侧后小车窗大约中间部位与1号杆对正时，迅速向右转动转向盘至极限位置，如图3-31所示；使车厢尾部摆向5、6号杆，如

图 3-32a、b 所示。

提醒注意：①如果感觉转向盘打早了，转向盘可以转动慢一点。②车速快了，转向盘转动快一些，同时踩下离合器踏板控制车速。③转向盘打迟了，转向盘要迅速转动到底，同时速度要降低。④切记车速不能忽快忽慢，要平稳操作。

图 3-31　右侧后小车窗大约中间部位与 1 号杆对正时的位置情况

a）向右转动转向盘

b）从右后视镜观察

图 3-32　使车厢尾部摆向 5、6 号杆时的位置情况

2）将转向盘打到底时，应立即从右后视镜观察右侧车厢与 5 号杆的相对位置并及时修正，以使右侧车厢与 5 号杆保持约 **30cm** 的横向距离入库，如图 3-33 所示。

图 3-33　车辆右侧车厢与 5 号杆保持约 30cm 的横向距离入库时的位置情况

3）通过左后视镜观察 6 号杆（图 3-34），通过右后视镜观察 5 号杆后倒（图 3-35）。当车尾入库后，逐渐向左转动转向盘，通过左、右后视镜观察 2、3 号杆，使两车厢角与 2、3 号杆保持等距离正直后倒，如图 3-36、图 3-37 所示。

图 3-34　通过左后视镜观察 6 号杆时的位置情况

图 3-35　通过右后视镜观察 5 号杆后倒时的情况

图 3-36　通过左后视镜观察 3 号杆，使车厢左侧与 3 号杆保持 30cm 正直后倒时的位置情况

图 3-37　通过右后视镜观察 2 号杆，使车厢右侧
与 2 号杆保持 30cm 正直后倒时的位置情况

💡 **注意：** 后倒过程中，转动转向盘要及时，根据少打少回、早打早回的原则，保持正直后倒，当车尾距 2、3 号杆约 20cm 时停车脱档，完成倒入乙库，停车后，要求车正轮正。如图 3-38 和图 3-39 所示。

图 3-38　车辆进入乙库停车位置时的情况

图 3-39　车辆后栏板接近标志杆位置时的
距离情况

（2）从乙库移至甲库

第一次前进

1）挂低速档起步后，迅速将转向盘向右打到底，并注意观察 5 号杆，如图 3-40 所示。

图 3-40　车辆起步后迅速将转向盘向右打
到底时的情况

2）当车辆前进至汽车驾驶人位置与 5 号杆对正时，迅速将转向盘向左回到底，如图 3-41、图 3-42 所示。

图 3-41　车辆前进至汽车驾驶人位置与 5 号杆
对正时的位置情况

图 3-42　迅速将转向盘向左回到底时的位置情况

3）当保险杠距离 5 号杆约 80cm 距离时迅速向右回正转向，当保险杠距离 5 号杆 20cm 时停车脱档，尽量使车身正直，如图 3-43 所示。

图3-43　车辆保险杠距离5号杆约80cm
时的位置情况

第一次后倒

1）挂倒档起步后，迅速将转向盘向右打到
底，并从左后视镜观察，如图3-44所示。

图3-44　车辆起步后迅速将转向盘向右打到底
并注意观察2号杆

2）当左侧后厢角过2号杆时，迅速将转向
盘向左回到底，同时从右后视镜观察右
侧后厢角与1号杆相对位置，如图3-45、
图3-46所示。

图3-45　当左侧后厢角过2号杆时，迅速将转
向盘向左回到底

3）当右后厢角与1号杆距离约1m时，迅速
向右回正转向并停车脱档，如图3-47所示。

图3-46　从右后视镜观察右侧后厢角过1号杆
时的位置情况

图3-47　右侧后厢角与1号杆距离约
1m时的位置情况

第二次前进

1）首先观察车辆所在位置，挂低速档起步
后，适当向右转动转向盘，如图3-48
所示。

图3-48　起步后适当向右转动转向盘时的
位置情况

2）当车辆左前轮通过 2、5 号杆桩位线约 30cm 时（左前车轮进入甲库），逐渐向左转动转向盘，使右前轮与 1、4 号杆桩位线保持约 30cm 的横向距离前进，如图 3-49、图 3-50 所示。

图 3-49　车辆左前轮通过 2、5 号杆桩位线约 30cm 时的位置情况

图 3-50　车辆右前轮与 1、4 号杆桩位线保持约 30cm 的横向距离前进

3）当车辆前进至保险杠与 4、5 号杆桩位线 1m 时，迅速向左打一两把转向，当保险杠距离 5 号杆 20cm 时，立即停车脱档，并尽量将车身调正，如图 3-51 所示。

图 3-51　当保险杠距离 4、5 号杆 1m 时的位置情况

第二次后倒

1）此时车辆已基本移入甲库，挂倒档起步时，应根据车辆所在位置情况适当向右转动转向盘，当从左后视镜观察到车辆左侧后厢角过 2 号杆 20～30cm 时，迅速向左转动转向盘，如图 3-52 所示。

图 3-52　适当向右转动转向盘时的位置情况

2）当车身调整正直后迅速向右回正转向盘，保持车辆正直后倒，如图 3-53 所示。

图 3-53　车身调整正直后倒时的位置情况

3）当从左后视镜中观察到左侧后厢角距 2 号杆约 20cm 时，立即停车脱档，完成移库任务。

（3）斜穿乙库至回车场选位停车

1）挂低速档起步后，迅速向左转动转向盘，使车辆朝向 5、6 号杆之间前进，保持左后视镜距 6 号杆约 20cm 的距离穿出乙库，并注意 5 号杆位置，如图 3-54～图 3-57 所示。

图 3-54　起步后迅速向左转动转向盘时的位置情况

图 3-55　使车辆朝向 5、6 号杆之间前进
时的位置情况

图 3-56　车辆左后视镜距 6 号杆约 20cm 的距离
穿出乙库时的位置情况

图 3-57　车辆从 5、6 号杆中间行驶时的位置情况

2）当后轮中心线将要驶过 5、6 号杆时，逐渐将转向盘向左打到底，并使右侧车身的右侧与道路边线保持约 50cm 的横向距离前进。当车辆接近停车线位置时，要求停车，车正轮正，车辆的右侧与道路边线保持约 200cm 的距离，如图 3-58 ～图 3-60 所示。

图 3-58　车辆后轮通过 5、6 号杆时的位置情况

图 3-59　车辆右侧与道路边线保持约 50cm 横向
距离时的位置情况

图 3-60　车辆停车后右侧与道路边线保持约 200cm
距离时的位置情况

（4）倒入甲库

1）挂倒档起步后保持直线后倒，并通过左侧后视镜观察 6 号杆，在后倒过程中，当从左后视镜观察不到 6 号杆时（或从

左侧车窗后面看到 4 号杆时），迅速向左转动转向盘至极限位置，如图 3-61 所示。

图 3-61　从左侧车窗后面看到 4 号杆时的位置情况

2）同时使车厢尾部摆向 4、5 号杆，继续通过左后视镜观察左侧后厢角与 5 号杆相对位置，及时修正方向，保持左侧车厢与 5 号杆 20~30cm 的横向距离进入甲库，如图 3-62~图 3-67 所示。

图 3-62　通过左后视镜观察左侧后厢角与 5 号杆的相对位置情况

图 3-63　车辆驶近 5 号杆时的位置情况

图 3-64　通过右后视镜观察右侧后厢角与 6 号杆的相对位置情况

图 3-65　车辆通过 6 号杆位置进入甲库时的情况

图 3-66　通过左后视镜观察左侧后厢角进入甲库时的位置情况

图 3-67　车辆左侧距离 5 号杆 20cm 左右位置进入甲库时的位置情况

3）当车厢尾部进入甲库后，逐渐向右转动转向盘，同时从左、右后视镜中观察左、右侧后厢角与1、2号杆的位置情况，及时修正转向盘，使车辆尽量居中间后倒，如图3-68~图3-70所示。

图3-68　车厢尾部进入甲库后及时修正转向

图3-69　从左后视镜观察2号杆的位置情况

图3-70　从右后视镜观察1号杆的位置情况

4）当车厢尾部与1、2号杆接近30cm距离时，停车脱档，停车后要求车正轮正，如图3-71所示。

图3-71　车辆右侧厢板接近1号杆时的位置情况

（5）开至终点线（驶向下一个科目）

起步后使车辆正直驶出甲库；待后车轮中心线通过4、5号杆后（转向不要打得过早，防止刮杆、压杆），逐渐向右转动转向盘行驶至终点线，完成整个科目。

3．操作要求

1）按规定的行驶路线完成操作任务；侧方移位要求"两进两倒"完成，并且车正轮正。

2）操作过程中车身任何部位不得碰、刮杆，不准超越桩位延长线。

3）每次前进、后退不得中途停车，操作中不得熄火。

4）不准开门探视，每次起步前、停车后，车辆不得溜动。

（三）A1、A3车型操作要领（以江淮HK6901G为例）

大型客车的操作要领以江淮客车为例，其他车型操作要领大同小异。由于大型客车和B2平头运输车长度、宽度相同，所以倒车移库的场地尺寸相同，操作要领可以参考。下面介绍参考点不一样的地方。

车辆正直后倒，从右侧车窗观察到4号杆时，逐渐将转向盘向右打到底，如图3-72、图3-73所示。其他参考点如图3-74～图3-81所示。

图 3-72　从右侧车窗观察到 4 号杆时的位置情况

图 3-73　车辆逐渐将转向盘向右打到底时的情况

图 3-74　车辆进入 5、6 号杆前的位置情况

图 3-75　车辆尾部进入 5、6 号杆时的位置情况

图 3-76　车辆进入甲库及时修正转向，使车辆
正直入库行驶时的情况

图 3-77　车辆从右后视镜观察 4、5 号杆时的
位置情况

图 3-78　车辆第一次前进移库距离 5 号杆的位置情况

图 3-79　车辆后视镜与 5、6 号杆的位置情况

图 3-80 第二次前进车辆进入甲库逐渐向左修正转向，防止车辆右侧驶出 1、4 号杆桩位线时的情况

图 3-81 车辆尾部进入甲库位置时的情况

（四）A2 车型倒车入库

1. 场地设置

重型牵引挂车倒车入库场地设置是甲乙两库长度为车长加 100cm，两库之间距离为 2 倍车长，库宽为 1.5 倍车宽，如图 3-82 所示。

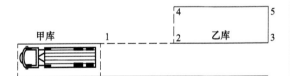

图 3-82 重型牵引挂车倒车入库场地设置示意

2. 操作要领（以解放 CA4DF3-14E3F 为例）

（1）选位

车辆进入甲库规定位置停车，如图 3-83 所示。

图 3-83 车辆进入甲库规定位置停车时的位置情况

（2）后倒

1）从右后视镜观察乙库和 1、4 号杆，如图 3-84 所示。

图 3-84 从右后视镜观察乙库和 1、4 号杆时的位置情况

2）挂倒档平稳起步，稍向左转动转向盘，使挂车右后轮靠近 1 号杆的同时，观察左侧后厢角对准 2 号杆时，调整方向将主挂车直线后倒，如图 3-85 ～ 图 3-87 所示。

图 3-85 稍向左转动转向盘使挂车右后轮靠近 1 号杆时的位置情况

图 3-86　车辆与车道线距离的位置情况

图 3-87　观察左侧后厢角对准2号杆时的位置情况

3）通过左后视镜观察，左侧后大厢角距离2号杆横向距离约50cm，如图3-88所示。

图 3-88　通过左后视镜观察，左侧后大厢角距离2号杆横向距离约50cm时的情况

4）当挂车左后轮压1、2号杆之间的连线时，向左稍打方向；当主挂车形成角度后，回正方向；当主挂车左后轮压1、2号杆之间的连线时，向左转动转向盘，如图3-89～图3-91所示。

图 3-89　挂车左后轮压1、2号杆之间的连线时的位置情况

图 3-90　挂车尾部进入乙库行进时的情况

图 3-91　主挂车左后轮压1、2号杆之间的连线时，向左转动转向盘时的位置情况

5）当主挂车形成直线时，直线后倒；后倒时，及时调整车辆与1、2号杆之间连线的距离，如图3-92、图3-93所示。图3-94所示为车辆右侧距离4、5号杆之间时的位置情况，图3-95所示为从右后视镜观察车辆右侧距离4、5号杆之间时的位置情况。

图 3-92　主挂车形成直线时，修正方向正直
后倒时的位置情况

图 3-93　及时调整车辆与 1、2 号杆之间连线时的
距离情况

图 3-94　车辆右侧距离 4、5 号杆之间时的位置情况

图 3-95　从右后视镜观察车辆右侧距离
4、5 号杆之间时的位置情况

6）当车辆正直进入乙库时，立即停车（可以参考右侧前下视镜、车辆保险杠进入 2、4 号杆之间的连线）。

（3）驶出

1）车辆起步正直前进，当挂车车身过一半位置时，向左打方向；当主挂车右后轮到达 1、2 号杆之间的连线时，向右回方向；行驶时车身右侧与 1、3 号杆之间的连线保持 30cm 的距离。

2）当挂车后轮驶出甲库后，行驶至下一个科目。

二、坡道定点停车与坡道起步

（一）坡道定点停车与坡道起步的场地设置

坡道定点停车与坡道起步的场地设置，如图 3-96 所示，坡度角为 20°～30°，坡道长度为 2 倍车长，宽度为 1.5 倍车宽。

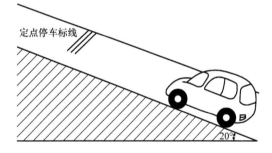

图 3-96　坡道定点停车与坡道起步的场地设置示意

（二）操作要领一（以东风 HQ1131FD 为例）

1）车辆进入上坡定点区域前，使车身的右侧与标志杆延长线保持 30cm 的横向距离前进，当车辆进入标志线前，要缓慢前进。

2）当从车头观察视线与定点停车线有

盲区时，迅速从左车门车窗观察停车标志线；当左后视镜架对准标志线时，立即停车，如图 3-97 所示。练习时应细心体会，不同身高的人，观察点的位置要稍作调整。

图 3-97 车辆在定点停车位置时的情况

（三）操作要领二（以解放 CA1168PK2L 为例）

如果车辆进入坡道定点区域要经过左转弯或右转弯，都要调整车辆的行驶位置与车道线的距离位置。

车辆进入上坡定点区域前，调整车辆使车身右侧与车道延长线保持 30cm 的横向距离，如图 3-98、图 3-99 所示；车辆进入标志线前，要根据车速缓慢前进；由于解放 CA1168PK2L 车型是平头车，所以在停车时的参考点有两个。

图 3-98 车辆左转弯进入定点停车位置时的情况

图 3-99 调整车辆使车身右侧与车道延长线保持 30cm 以内距离时的位置情况

方法一。直接看定点停车线，当保险杠与停车线进入盲区时，从前视镜观察。当保险杠接近停车线时，立即停车，操作时要注意细心体会，敢于向前，使保险杠正好停在停车线上（不能超过停车线）。图 3-100 所示为上坡定点停车位置情况。图 3-101 所示为车辆在上坡定点停车时的位置情况。

图 3-100 上坡定点停车位置情况

图 3-101 车辆在上坡定点停车时的位置情况

方法二。当车辆快要进入盲区时，观

察驾驶室右上方的前下视镜（在风窗玻璃的边缘上面），当保险杠进入中间标志线位置时，立即停车。图3-102所示为标志线参考点位置情况。

图3-102　观察车辆保险杠进入标志线时的位置情况

（四）A1、A2、A3车型操作要领

A1、A2、A3车型车辆位置的调整基本与B2车型解放CA1168PK2L相同，A1参考点的位置从左侧车门车窗位置选点。图3-103所示为车辆在定点停车位置时的情况。

图3-103　车辆在定点停车位置时的情况

（五）操作要求

1）由于上坡车辆速度较慢，应先踩下离合器踏板，后踩下制动踏板，防止驾驶车辆时熄火。

2）操纵制动不得过猛，并且要一次完成。

（六）坡道起步操作要领

上坡起步的关键在于克服上坡阻力，要求车辆起步平稳，无明显空油声，不前冲、不后溜、不熄火。

1）踏下离合器踏板，挂2档或1档，打开左转向灯，东风HQ1131FD车型，右手握紧驻车制动操纵手柄并按下按钮（锁扣）；解放CA1168PK2L车型，拉出驻车制动操纵手柄，做好起步准备。

2）视坡度大小，适度踏下加速踏板，同时松抬离合器踏板至半联动。

3）当发动机声音有变化且车辆抖动时，迅速放松驻车制动操纵手柄，随之徐徐踏下加速踏板，并慢慢抬起离合器踏板，使汽车起步。

（七）上坡起步操作注意事项

1）要求打左转向灯的，要打开左转向灯3s以上。

2）松开驻车制动操纵手柄的时机要适当，松开过早，离合器半联动时机未到，发动机动力不足，会造成车辆后溜；松开过晚，则制动作用未及时解除，易使发动机熄火。

3）起步过程中，如果因配合不当出现后溜现象，应迅速踏下离合器踏板和制动踏板停车，按动作要领重新起步，不能用猛抬离合器踏板和踩下加速踏板的方法强行起步，也不能猛拉驻车制动操纵手柄停车，以免造成机件损坏。

4）起步时若踩下加速踏板幅度不够或离合器踏板抬得过快，感到动力不足，有熄火的可能时，不要松开驻车制动操纵手柄，应迅速踏下离合器踏板，按操作要领重新起步。

5）起步时，车辆出现剧烈前冲时，应迅速踏下离合器踏板，重新起步。

三、侧方停车

侧方停车是车辆停放的一种形式，它利用插空停放，即在沿路缘的前后车辆或其他障碍物之间的允许空间内停放车辆，当停车空间小于1.5倍车长时，采用后倒插空停放。

（一）侧方停车场地设置

场地设置情况如图3-104所示，库长为1.5倍车长，库宽为车宽加80cm。

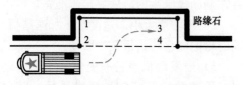

图3-104　侧方停车场地设置示意

（二）A1、A3、B1、B2 操作要领（以解放 CA1168PK2L 为例）

1. 前进

当车辆进入侧方停车区域时，使车辆的右侧与2、4拐角库位线保持30cm的距离前进，车辆到达规定位置时停，如图3-104所示。

2. 后倒

1）根据考试要求（打开右转向灯），挂入倒档，起步正直后倒。

2）从右后视镜观察，当后轮中心将要到达拐角2时，将转向盘向右打到底，如图3-105所示。

图3-105　从右后视镜观察拐角2的位置情况

3）迅速观察左后视镜，当车辆左侧与3、4拐角连线的一半位置对正时，向左回一圈方向，如图3-106所示；当车辆左侧与拐角3对正时，迅速向左回正转向盘。如图3-107所示。

图3-106　车辆左侧与3、4拐角之间一半位置对正时的位置情况

图3-107　车辆左侧与拐角3对正时的位置情况

4）当左后轮接近进入2、4拐角之间的虚线（车道线）时，迅速将转向盘向左打到底。如图3-108、图3-109所示。

图3-108　自然回头观察左后轮接近进入2、4拐角之间车道线时的位置情况

图 3-109　从后视镜观察左后轮接近进入 2、4 拐角之间车道线时的位置情况

5）使车身左侧与库位线保持 20～30cm 的距离后倒，当车身与停车位置接近正直时，迅速向右回正转向并立即停车。

☀ 注意：要求一次到位不作调整，车正轮正；车身的任何部位不得出库位线，不准中途停车、熄火。

☀ 特别提醒：停车时可以不回正转向盘的，不用回转向盘。

3．驶出

车辆起步前，打开左转向灯 3s 以上，向左转动转向盘，使车辆左前轮沿着离车道线不小于 30cm 的距离行驶，防止压线，如图 3-110 所示。

图 3-110　车辆左前轮沿着车道线行驶情况

（三）A2 车型操作要领

1．前进

当车辆进入侧方停车区域时，使车辆的

右侧与 2、4 拐角之间的库位线保持 30cm 的距离前进，车辆进入规定位置时停车。

2．后倒

1）挂入倒档，平稳起步；用稍向左转动转向盘及时向右回的方法调整后倒，保证挂车右后轮通过拐角 2 入库；同时从右后视镜观察右侧后厢角与拐角 3 对正时；向右打方向，调整主挂车直线后倒。如图 3-111～图 3-113 所示。

图 3-111　使车辆左前轮靠近车道线

图 3-112　从右后视镜观察右侧后厢角与拐角 3 对正时的位置情况

图 3-113　主挂车直线后倒时的情况

2）此时，从左后视镜观察左侧后厢角，使车辆对准拐角 3 时正直后倒。

3）当观察到挂车左后轮中间对准 2、4 拐角之间的车道线时，稍向右少打方向；当主挂车形成角度后，回正方向；当主挂车左后轮压 2、4 拐角之间的连线时，向左转动方向。如图 3-114 ~ 图 3-116 所示。

图 3-114　挂车左后轮中间对准 2、4 拐角之间的车道线时的位置情况

图 3-115　主挂车左后轮压 2、4 拐角之间的连线时的位置情况

图 3-116　车辆进库后及时修正方向时的情况

4）当主挂车形成直线时，立即回正方向，并停车，如图 3-117 所示。（可以不回转向盘的，直接停车。）

图 3-117　车身与库位平行或正直回正方向时的位置情况

3．驶出

车辆起步前，打开左转向灯 3s 以上，向左转动转向盘，使车辆左前轮沿着离车道线不小于 30cm 的距离行驶，防止压线和车辆挂车右后轮压拐角 2。

四、单边桥

（一）单边桥的场地设置

单边桥的桥面为轮胎面加 10cm，桥面高为 25cm，桥长不小于车辆轴距加 100cm。左单边桥、右单边桥单独铺设。

（二）左单边桥操作要领一（以东风 HQ1131FD 为例）

1）用两点法进行判断，车辆接近桥面前，应平稳降低车速，如换低档，以车头左侧翼子板 10cm 处为第一基准点对准桥面左边沿，以距离第一基准点右侧 10cm 处为第二基准点，对准桥面的右边沿，如图 3-118 所示。

图 3-118　左侧翼子板对准桥面参考点时的位置情况

2) 当车辆与桥面有盲区时，继续观察两个基准点，视线顺桥面延伸，如图 3-119 所示；当左前轮上桥后，车身向右倾斜时，应及时向左修正转向，当后轮上桥时可少许加油，防止发动机熄火。

图 3-119　车辆与桥面有盲区时，继续观察两个基准点的位置情况

💡 注意：要求车辆在桥面上稍微倾斜，转向要少打少回，及时修正，避免猛打转向盘或随意使车辆走在正中间而掉桥。

（三）右单边桥操作要领一（以东风 HQ1131FD 为例）

1) 车辆后轮离开桥面后，向右转动转向盘；当车辆接近桥面前，应平稳降低车速，同样采用两点法进行判断，以车辆发动机盖中间靠右侧 10 cm 处为第一基准点，对准桥面左边沿；以车辆发动机盖中间右侧 20 cm 处为第二基准点，对准桥面的右边沿。如图 3-120、图 3-121 所示。

图 3-120　车辆后轮离开桥面后，向右转动转向盘驶向右单边桥时的情况

发动机盖中间右侧第二个基准点对准桥面位置情况

图 3-121　车辆发动机盖中间右侧第二个基准点对准桥面时的位置情况

2) 当车辆与桥面有盲区时，继续观察两个基准点，视线顺桥面延伸，如图 3-122 所示；当右前轮上桥后，车身向左倾斜时，方向容易偏斜，因此，要握紧转向盘，及时向右稍作修正，后轮通过时可少许加油，防止发动机熄火。

图 3-122　车辆通过右单边桥与桥面有盲区时，视线顺桥面延伸的情况

（四）左单边桥操作要领二（以解放 CA1168PK2L 为例）

当车辆通过左单边桥时，应平稳降低车速，如换低档，以驾驶室仪表板左侧圆

弧拐角向右 15cm 处为参照点，对准桥面中间。由于是平头车，盲区较小，可以伸头观察，车辆出现偏差要及时修正，防止掉桥。图 3-123 所示为通过左单边桥参考点观察时的情况。

> ☀ 注意：要求车辆在桥面上稍微倾斜，转向要少打少回，及时修正，避免猛打转向盘或随意使车辆走在正中间而掉桥。

图 3-123　通过左单边桥参考点观察时的情况

（五）右单边桥操作要领二（以解放 CA1168PK2L 为例）

1）以驾驶室中间（或左侧刮水器片中间）为参照点，对准右单边桥桥面的外面边缘线，如图 3-124 所示。

图 3-124　以驾驶室中间为参照点，对准右单边桥桥面的外面边缘线时的情况

2）当桥面进入盲区时，可以观察车辆前视镜进一步对正，使车辆正直通过右单边桥。

3）车辆在桥面上形成轻度倾斜时应及时修正转向，转向要少打少回，及时修正，避免猛打转向或刻意使车辆走在正中间而掉桥，如图 3-125 所示。

图 3-125　车辆在右单边桥面上转向要少打少回，防止掉桥

> ☀ 注意：由于驾驶人身高不同，参照点也会发生变化，可根据自己的情况稍作调整。

（六）A1 车型操作要领

大型客车的操作要领与解放 CA1168PK2L 的要领基本一样，左单边桥的参考点如图 3-126 所示，右单边桥的参考点如图 3-127 ～ 图 3-130 所示。

图 3-126　左单边桥参考点的位置情况

图 3-127　车辆后轮离开左单边桥向右转动转向盘时的情况

图 3-128　参考点对准右单边桥时的位置情况

图 3-129　及时修正参考点对准右单边桥时的位置情况

图 3-130　车辆与桥面形成轻度倾斜时，及时修正转向盘通过右单边桥时的情况

五、直角转弯

（一）直角转弯场地设置

直角转弯场地画线标出道路边线，内直角夹角线交会处设突起点。图 3-131 所示为左、右直角转弯场地设置示意。

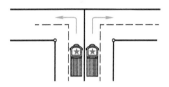

图 3-131　左、右直角转弯场地设置示意

（二）操作要领一（以东风HQ1131FD 为例）

1）车辆进入直角左转弯区应尽量靠近外侧边线，外侧车轮与外侧边线保持约 30cm 的间距，并保持平行前进，如图 3-132 所示。要求打左转向灯的，当听到播报进入直角转弯科目时，打开左转向灯 3s 以上。

图 3-132　车辆进入直角左转弯区靠近外侧边线行驶时的情况

2）距直角转弯 6~8m 处，减速并换低速档，如图 3-133 所示。

图 3-133　距直角转弯 6~8m 处减速慢行时的情况

3）当驾驶位置与突起点平齐时，迅速向左（右）转动转向盘，转动方向的力度要大，动作要迅速，当车辆后轮与突起点的距离接近100cm时，迅速向右（左）回正转向盘，使车辆的前面右侧（左侧）车轮靠近外侧边线，防止后轮压突起点或前轮出线，如图3-134、图3-135所示。

图3-134　驾驶位置与突起点平齐时迅速向左转动转向盘时的情况

图3-135　后轮距离突起点100cm时，向右回正转向盘时的位置情况

（三）操作要领二（以解放 CA1168PK2L 为例）

1）车辆进入直角转弯区应尽量靠近外侧边线，外侧车轮与外侧边线保持约30cm的间距，并保持平行前进，如图3-136所示。

图3-136　车辆进入直角转弯区应尽量靠近外侧边线

2）距直角6~8m处，减速并换低速档。

3）由于解放 CA1168PK2L 车型是平头车，当驾驶室位置通过突起点时，迅速向左（右）转动转向盘，转动转向盘的力度要大，动作要迅速，当车辆的后轮与突起点距离接近100cm时，迅速向右（左）回正转向盘，使车辆的前面右侧（左侧）车轮靠近外侧边线，防止后轮压突起点或前轮出线。如图3-137～图3-140所示。

图3-137　驾驶室位置通过突起点（直角）时，转动转向盘时的位置情况

图3-138　向左转动转向盘时的情况

图3-139　车辆左后轮通过突起点（直角）时的位置情况

图 3-140　右前轮靠近外侧边线时的位置情况

（四）注意事项

1）操作时要用低速档通过，转向盘转动要迅速。

2）尽量靠近外侧边线行驶，但外侧车轮不能压线、出线。

3）转弯后应注意及时回正转向，防止后轮压上突起点。

（五）A1、A3 大型客车操作要领

驾驶室左车窗玻璃边框通过突起点（直角）位置时，向左转动转向盘，如图 3-141、图 3-142 所示。

图 3-141　驾驶室左车窗玻璃边框通过突起点
（直角）时，向左转动转向盘时的位置情况

图 3-142　车辆通过突起点（直角）时，向左转动
转向盘时的位置情况

（六）A2 车型操作要领

由于重型牵引挂车车身较长，所以打方向的时机要稍微推迟。当主挂车后轮接近直角拐角时，将转向盘向左（向右）打到底，使右前轮（左右轮）靠近车道线行驶。直角左转弯按"左—右—左"的方法调整转向盘；直角右转弯按"右—左—右"的方法调整转向盘，完成直角转弯科目。

六、曲线行驶

（一）曲线行驶场地设置

1）路宽：大型车辆为 4m。

2）半径：大型车辆为 12m。

3）弧长：八分之三个圆周。图 3-143 所示为曲线行驶场地设置示意。

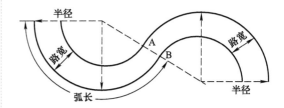

图 3-143　曲线行驶场地设置示意

（二）操作要领一（以东风 HQ1131FD 为例）

1）车辆进入曲线行驶科目时，应降低车速，尽量保持匀速行驶，从弯道的开始地点，使车辆的右侧靠近道路的右侧前进，最好使车辆的右前轮沿道路边缘行驶，这样就保证了内轮差，即左后轮有较大的距离，不会造成左后轮压到道路的左边缘；在车辆行进中，任何一个车轮都不能压边缘线，要运用转向盘及时修正。如图 3-144、图 3-145 所示。

图 3-144　弯道开始地点的位置情况

图 3-145　车辆的右侧靠近道路的右侧前进时的位置情况

2）如图 3-146 所示，当车辆行驶到两个半圆交接处 A、B 时（即中间位置时），向左转动转向盘，使车辆向道路的左侧前进，当后轮中心线通过交接处时，使车辆的左前轮靠近道路的左边缘，同时应考虑右后轮不能压道路的右边缘，即考虑外轮差的行驶轨迹，在行进的过程中，车辆的任何一个车轮都不能压边缘线，出现偏差要及时修正转向盘，如图 3-147 所示。

图 3-146　当车辆行驶到两个半圆交接处 A、B 时的位置情况

图 3-147　向左转动转向盘使车辆向道路的左侧前进

3）如图 3-148 所示，当车辆行驶到第二个圆弧顶部位置时，应有意识地向左带一把转向盘，避免右后轮压线。

图 3-148　车辆行驶到第二个圆弧顶部时的位置情况

4）在车辆行驶中，转向盘要少打少回，及时修正，正确把握转向盘，避免猛打、乱打转向盘以至忙中出错；避免行驶中速度忽快、忽慢，造成心理紧张。

（三）操作要领二（以解放 CA1168PK2L 为例）

B2 车型虽然不同，但操作要领基本一样，参考点位置情况如图 3-149~ 图 3-154 所示。

图 3-149　弯道开始处的位置情况

图 3-150　车辆行驶到两个半圆交接处 A、B 时
的位置情况

图 3-151　车辆后轮通过 A、B 向第二个圆弧
顶部行驶时的位置情况

图 3-152　车辆行驶到第二个圆弧顶部时的
位置情况

图 3-153　车辆从弧顶弯道有意识地向左修正
转向盘时的位置情况

图 3-154　车辆从弧顶弯道修正转向盘正直驶出
曲线行驶路线的情况

（四）A1、A2，B1、B2 操作要领

A1、A2 的操作要领与 B1、B2 车型 CA1168 PK2L 一样，请参考学习。

七、限宽门

（一）场地设置

限宽门宽度为车宽加 60cm，限宽门之间距离为 3 倍车长。图 3-155 所示为限宽门场地设置示意。

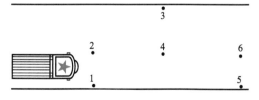

图 3-155　限宽门场地设置示意

（二）操作要领（以解放 CA1168PK2L 为例）

A1、A2、A3、B1、B2 通过限宽门的操作要领基本一致。

1）当车辆进入限宽门区域时，应控制车速。

2）通过第一个限宽门时，应靠近 1 号杆，当保险杠通过 1、2 号杆时，转向盘逐渐向左打，注意车辆的左侧不要靠 2 号杆太近，从中间正直通过，以免刮杆，当后轮中心线通过 1、2 号杆后，迅速向左将转向盘打到位，如图 3-156 所示。

图 3-156 车辆通过第一个限宽门时的情况

3）当车辆进入 3、4 号杆前，向右修正方向，尽量保证从第二个门中间通过，可以靠近 3 号杆，但不能靠近 4 号杆，使车辆绕着 4 号杆行进，当后轮中心通过 3、4 号杆后，迅速将转向盘向右打到底，如图 3-157～图 3-159 所示。

图 3-157 车辆进入 3、4 号杆位置情况

图 3-158 车辆靠近 3 号杆通过时的位置情况

图 3-159 从第二个门中间通过时的位置情况

4）驶向第三个限宽门，使车辆的右侧靠近 5 号杆行进，当前保险杠通过 5、6 号杆时，向左回转向盘，正直从中间通过，当驾驶室通过 5、6 号杆时，迅速向右回方向，保持正直行驶，使车辆正直从中间通过第三个限宽门，如图 3-160～图 3-162 所示。

图 3-160 通过第二个门后向第三个门前进时的情况

图 3-161 车辆向第三个限宽门行驶时的情况

图 3-162 车辆右侧靠近 5 号杆绕 6 号杆行驶时的情况

（三）注意事项

1）驾驶人驾驶车辆以不低于规定的速度，从三门之间穿越。

2）速度要平稳，中间不得停车。

3）由于大型货车轴距较长，注意转动转向盘的时机。

八、窄路掉头

（一）场地设置

掉头训练是在规定的道路或场地上画线，标明道路边线，路长为 3 倍车长，路宽为 2 倍轴距，如图 3-163 所示。

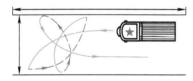

图 3-163 公路掉头场地设置示意

（二）操作要求

1）在掉头过程中不得熄火，不得打死转向，车轮不得压边线。

2）车辆停稳后不准转动转向盘。

3）必须在规定时间内完成。

（三）操作要领（以解放 CA1168PK2L 为例）

A1、A3、B1、B2 车型通过公路掉头的

操作要领基本一致，A2 车型不同的地方是后倒时转动转向盘的方法相反。

车辆进入场地后，应紧靠道路右侧缓慢行驶，到达合适位置后，车辆与道路右侧边线横向间距约为 30cm，如图 3-164 所示。

图 3-164 车辆与道路右侧边线横向间距的位置情况

1）第一次前进：打开左转向灯，挂入低速档，迅速将转向盘向左打到底，使车辆慢慢驶向道路左侧边线，当左前轮距边线约 30cm 时停车，如图 3-165 所示。

图 3-165 第一次前进车辆左前轮与边线的位置情况

💡 注意：尽量使左前轮靠近路边。

2）第一次后倒：后倒时先观察车位情况，将转向盘向右打到底，然后挂倒档起步。起步后，使车辆缓慢后倒，同时正确判断车辆在道路上的相对位置。当驾驶人接近道路中心位置时（左后轮距路边约 100cm），也可借助倒车镜，观察后轮与边线的距离；当后轮距离边线约 30cm 时，立即停车，如图 3-166 所示。

图 3-166　第一次后倒右后轮距离边线 30cm 时停车的位置情况

☀ 注意：倒车速度一定要慢，右后轮适当远离路边，防止出线。

3）第二次前进：迅速向左转动转向盘至极限位置，起步后使车辆缓慢前进；待左前轮接近左侧边线 50cm（或右前轮 30cm）时，立即停车，如图 3-167 所示。

图 3-167　右前轮接近左侧边线 30cm 时的位置情况

4）第二次后倒：起步后迅速向右转动转向盘；当驾驶人位置越过道路中心位置时，立即向左回转向、停车。也可通过后视镜观察后轮与边线距离，确定转动转向盘的时机，如图 3-168 所示。

图 3-168　第二次后倒左后轮先接近边线时的位置情况

☀ 注意：倒车速度一定要慢，由于左后轮先接近边线，要考虑左后轮适当远离路边，防止出线。

5）第三次前进：起步后将转向盘向左转动到底，起步平稳慢行，并确保右前轮不压边线；待车头接近并驶入正常行驶路线后，回正转向盘，关闭转向灯，完成掉头，如图 3-169 所示。

图 3-169　第三次前进完成掉头任务时的情况

（四）注意事项

1）掉头时，由于各车轮与边线的距离不同，判断时应以先接近边线的车轮为准。

2）在每次前进或后倒停车前，要为下一次的前进或后倒做准备。

九、模拟高速公路

车辆进入模拟高速公路路口前，应先停车，拿出遥控开关（模拟拿通行卡），对准控制器，使标志杆抬起；车辆起步，进入高速公路路段，然后车辆加速使速度达到要求；当车辆到达高速路出口时，应降低车速，停车后拿出遥控器，对准控制器（模拟交卡、付费），当标志杆抬起时，按标志线驶出高速公路，如图 3-170 所示。

图 3-170　车辆进入模拟高速公路时的情况

十、模拟连续急弯山区路

车辆进入模拟连续急弯山区路，应按标志线靠右行驶，转向盘操作平稳，速度控制得当，如图 3-171、图 3-172 所示。切记车轮避免压标志实线，避免猛打转向，以免发生意外。

图 3-171　模拟连续急弯山区路设置的情况

图 3-172　车辆按交通标线通过模拟连续急弯山区路时的情况

十一、模拟隧道

车辆进入模拟隧道前，首先打开近光灯，降低车速，按标志线行驶，禁止骑压车道线，严禁鸣喇叭。驶出隧道后，关闭前照灯，如图 3-173、图 3-174 所示。

图 3-173　模拟隧道设置的情况

图 3-174　车辆进入模拟隧道行驶时的情况

十二、模拟雨（雾）天和湿滑路

进入模拟雨（雾）天考试区域前，首先打开示廓灯（或前照灯），然后打开刮水器，根据雨量情况，开启间歇档或低速档（慢档）。

通过模拟雨（雾）天考试区域后，关闭刮水器，关闭灯光开关，如图 3-175、图 3-176 所示。

一般情况下，模拟湿滑路和模拟雨天驾

驶一起进行，在通过模拟雨天驾驶路段时，由于地面湿滑难行，要控制车速，握稳转向盘，转向盘操作幅度要小，避免猛打、乱打转向盘造成车辆侧滑跑偏，影响安全。

图 3-175　车辆模拟雨天驾驶时的情况

图 3-176　考试中车辆通过模拟雨天湿滑路段时的情况

十三、模拟紧急情况处置

进入模拟紧急情况处置考试区域时，应根据语音提示，采取措施。当听到出现紧急情况时，立即采取制动，握稳转向盘，注意观察事情发展状态，应沉着冷静，采取措施得当。图 3-177 所示为进入模拟紧急情况处置区域标牌。

图 3-177　模拟紧急情况处置区域标牌

第四部分 科目三道路驾驶操作要点

科目三道路驾驶是基础驾驶操作技能的综合运用，通过练习可以进一步提高驾驶基础操作的熟练程度，会对道路上各种动态交通情况进行判断和处理，是驾驭车辆的必要手段。正确选择行驶路面，控制好车速和车距，对会车、超车、跟车行驶时的驾驭运用自如，判断行人、非机动车、机动车的动态情况得心应手，能够模范遵守道路交通法，是取得驾驶证必须具备的条件之一，也是机动车驾驶人为保证行车安全必须具备的素质。

一、科目三道路驾驶考试内容与评判标准

（一）遵守交通安全法规情况评判标准

1）除执行科目二的评判标准外，考试时出现下列情形之一的，考试不合格：

①单手控制转向盘时，不能有效、平稳控制行驶方向。

②车辆行驶方向控制不准确，方向晃动，车辆偏离正确行驶方向。

③争道抢行，妨碍其他车辆正常行驶。

④不能根据交通情况合理选择行驶车道或者行驶速度。

⑤将车辆停在人行横道、网状线内等禁止停车区域。

⑥对可能出现危险的情形未采取减速、鸣喇叭等安全措施。

⑦通过积水路面，遇行人、非机动车时，有不减速等不文明驾驶行为。

⑧遇行人通过人行横道时不停车让行，不主动避让优先通行的车辆、行人、非机动车。

⑨连续变更两条或两条以上车道。

2）考试时出现下列情形之一的，扣 10 分：

①不能根据交通情况合理使用喇叭。

②起步、转向、变更车道、超车、停车前，开转向灯少于 3s 即采取行动。

③遇后车发出超车信号，不按规定让行。

（二）科目三考试内容要求及合格标准

1. 考试内容要求

1）在道路上驾驶机动车完成考试项目的情况。

2）遵守交通法律、法规的情况。

3）综合控制机动车的能力。

4）正确使用灯光、喇叭、安全带等装置的情况。

5）正确观察、判断道路交通情况的能力。

6）安全驾驶行为、文明驾驶意识。

2. 考试内容

1）基本考试项目：上车准备、起步、直线行驶、变更车道、通过路口直行、通过路口

左转弯、通过路口右转弯、靠边停车、通过人行横道线、通过学校区域、通过公共汽车站、会车、超车、掉头、夜间行驶。

 2）抽取不少于 20% 的学员进行夜间或者低能见度状况下的考试。

 3）省、市级公安机关交通管理部门可以根据各地实际，增加机动车准驾车型的考试项目。

（三）合格标准

 1）满分为 100 分，设定不合格、减 20 分、减 10 分、减 5 分的项目评判标准。

 2）报考 B1、B2、A1、A2、A3 准驾车型成绩达到 90 分的。

（四）考试内容以及评判标准

 1. 上车准备

 1）不绕车一周检查车辆外观及安全状况，不合格。

 2）打开车门前不观察后方交通情况，不合格。

 2. 起步

 1）制动气压不足起步，不合格。（液压制动系统除外）

 2）车门未关闭起步，不合格。

 3）起步前，未向左方侧头通过后视镜观察左、后方交通情况，不合格。

 4）起动发动机时，变速杆未置于空档（或者 P 位），不合格。

 5）不松驻车制动操纵手柄起步，未及时修正的，不合格。

 6）不松驻车制动操纵手柄起步，但能及时修正的，扣 10 分。

 7）发动机起动后，不及时松开起动开关，扣 10 分。

 8）道路交通情况复杂时，起步不能合理使用喇叭，扣 5 分。

 9）起步时车辆发生闯动，扣 5 分。

 10）起步时，加速踏板控制不当，致使发动机转速过高，扣 5 分。

 11）起动发动机前，不检查、调整驾驶座椅、后视镜和检查仪表，扣 5 分。

 3. 直线行驶

 1）方向控制不稳，不能保持车辆直线运动状态，不合格。

 2）遇前车制动时不采取减速措施，不合格。

 3）不适时通过内、外后视镜观察后方交通情况，扣 10 分。

 4）未及时发现路面障碍物，未及时采取有效减速措施，扣 10 分。

 4. 变更车道

 1）变更车道前，不通过内、外后视镜观察后方道路交通情况，不合格。

 2）变更车道时，判断车辆安全距离不合理，妨碍其他车辆正常行驶，不合格。

 5. 直行通过路口、路口左转弯、路口右转弯

 1）通过路口前未减速慢行，不合格。

 2）直行通过路口时不观察左、右方交通情况，不合格。

 3）转弯通过路口时，未观察侧前方交通情况或未通过内、外后视镜观察侧、后方交通情况，不合格。

4) 遇有路口交通阻塞时进入路口，将车辆停在路口内等候，不合格。

5) 不按规定避让行人和优先通行的车辆，不合格。

6) 左转通过路口时，未靠路口中心点左侧转弯，不合格。

6. 通过人行横道线、学校区域和公共汽车站

1) 不观察左、右方交通情况，不合格。

2) 不按规定减速慢行，不合格。

3) 遇行人通过人行横道不停车让行，不合格。

7. 会车

1) 在没有中心隔离设施或者中心线的道路上会车时，不减速靠右行驶，并与其他车辆、行人或者非机动车未保持安全距离，不合格。

2) 会车困难时不让行，不合格。

3) 横向安全间距判断差，紧急转向避让相对方向来车，不合格。

8. 超车

1) 超车前不通过内、外后视镜观察后方和左侧交通情况，不合格。

2) 超车时机选择不合理，影响其他车辆正常行驶，不合格。

3) 超车时未与被超越车辆保持安全距离，不合格。

4) 超车后急转向驶回本车道，妨碍被超车辆正常行驶，不合格。

5) （混合公路双向两车道）从右侧超车，不合格。

6) 当后车发出超车信号时，具备让车条件不减速靠右让行，扣 10 分。

9. 靠边停车

1) 停车前，不通过内、外后视镜观察后方和右侧交通情况，不合格。

2) 停车后，车身超过道路右侧边缘线或者人行道边缘，不合格。

3) 停车后，在车内开门前不侧头观察侧后方和左侧交通情况，不合格。

4) 停车后，车身距离道路右侧边缘线或者人行道边缘大于 30cm，扣 20 分。

5) 停车后，未拉紧驻车制动操纵手柄，扣 20 分。

6) 拉紧驻车制动操纵手柄前放松行车制动踏板，扣 10 分。

7) 下车后不关车门，扣 10 分。

8) 下车前不将发动机熄火，扣 5 分。

9) 夜间在路边临时停车不关闭前照灯或不开启警告灯，扣 5 分。

10. 掉头

1) 不能正确观察交通情况选择掉头时机，不合格。

2) 掉头地点选择不当，不合格。

3) 掉头时，妨碍正常行驶的其他车辆和行人通行，不合格。

11. 夜间行驶

1) 不能正确开启灯光，不合格。

2) 同方向近距离跟车行驶时，使用远光灯，不合格。

3) 通过急弯、坡路、拱桥、人行横道或者没有交通信号灯控制的路口时，不交替使用

远、近光灯示意，不合格。

4）会车时不按规定使用灯光，不合格。

5）在路口转弯时使用远光灯，不合格。

6）超车时未变换使用远、近光灯提醒被超越车辆，不合格。

7）对低能见度道路情况判断差，不合格。

8）在有路灯、照明良好的道路上行驶时，使用远光灯，不合格。

二、科目三道路驾驶考试操作要点

（一）上车准备

1）学员首先应站在驾驶室左侧门口旁，向考试员报告，"×××申请科目三道路驾驶考试"，递交身份证。

2）听到指令"请做好上车准备"，学员应从驾驶室左侧门口，向右转，按照"左侧一车后一右侧一车前一左侧"的顺序，逆时针绕车一周。绕车期间正确遮挡感应探头、按下感应按钮，仔细检查车辆及安全状况，并报告："车辆检查完毕，安全正常。"

3）当听到"请上车"时，应再次观察车辆左后方道路交通情况，确定不妨碍其他车辆或行人通行的情况下，打开车门上车。

4）调整座椅和后视镜。

5）系好安全带。

6）起动发动机后，检查仪表工作情况。

7）报告"仪表工作正常"。

8）当考试员发出"模拟夜间灯光驾驶操作"时，进行灯光操作。

（二）起步

1）当考试员发出"起步"或"考试开始"后，道路驾驶考试开始。

2）起步前应按照起步操作顺序进行操作，打开左转向灯 3s 以上，放松驻车制动操纵手柄。

3）起步，应再次从左后视镜观察道路交通情况。

提醒注意：考试科目规定鸣喇叭的要鸣三声笛"嘀、嘀、嘀"，考试设备系统才能收到完成动作信息。

（三）直线行驶

1）汽车进入直线行驶考试区域时，速度要达到 35km/h 的要求（可以用 3 档或 4 档）驾驶人要保持正确的驾驶姿势，并做到目视前方，看远顾近，照顾两旁，车辆偏移不能超过规定距离。

2）行驶中由于路面凹凸不平，前轮受到冲击振动而发生偏斜，引起转向盘偏转，须及时加以修正。车头向左（右）偏斜，应向右（左）修正转向，车头接近回到正常行驶路面时，逐渐回正转向盘。修正方向时，以左手为主，右手为辅，推拉配合，少打少回，以免出现"画龙"。注意：直线行驶可以修正转向，但修正幅度要小，动作要轻，切勿猛打。

（四）加、减档位操作

根据路况、车速合理运用档位，发动机转速不能过高。加、减档要及时、平稳、准确。

（五）变更车道

1）由于车辆车速较慢，应该用 2 档，2 档换入 3 档，速度稍快一些。变更车道前，打开左转向灯 3s 以上，仔细观察，根据情况实施变更车道，防止影响其他车辆通行。一般情况下，操作顺序为 2 档加入 3 档，3 档加入 4 档，4 档减入 3 档，3 档减入 2 档，2 档减入 1 档。

2）车辆行驶中，要先开左（右）转向灯，通过内、外后视镜观察道路交通情况，观察动作应合理有效。

（六）直行通过路口

通过路口要做出左、右观察的明显侧头动作，准确观察周围情况，踩制动减速慢行。

1）在有交通信号控制的路口直行，进入划有导向车道的路口前，应提前降低车速，进入直行车道，并注意观察车道内前方交通情况和信号灯情况。

2）在没有交通信号控制的路口直行，应提前减速，并观察、判断路口中哪台车辆具有优先通行权，注意礼让其他通过路口的车辆，同时应仔细观察左、右两侧非机动车道的通行情况，随时做好停车准备。

（七）路口左转弯

1）在有交通信号控制的路口左转弯，打开左转向灯，踩制动减速观察道路交通情况；转向灯闪烁 3s 以上，然后转动转向盘使车辆进入划有导向车道的路口（没有车道分界线或导向箭头应靠左侧行驶），应降低车速，进入左转弯车道，并注意观察车道内前方交通情况和信号灯情况。

2）在没有交通信号控制的路口左转弯，应提前减速，并观察、判断路口中直行车辆或具有优先通行权车辆的通行，注意礼让其他通过路口的车辆，同时应仔细观察左、右两侧非机动车道的通行情况，随时做好停车准备。

（八）路口右转弯

1）在有交通信号控制的路口右转弯，进入划有导向车道的右转弯路口前，打开右转向灯 3s 以上，踩制动提前降低车速，然后进入右转弯车道，并注意观察车道内前方交通情况和信号灯情况。

2）在没有交通信号控制的路口右转弯，应提前减速，并观察、判断右转弯路口中其他车辆通行情况，注意礼让其他通过路口的车辆，同时应仔细观察左、右两侧非机动车道的通行情况，随时做好停车准备。

（九）通过人行横道

1）通过人行横道应及时踩制动减速慢行，并注意观察行人、非机动车的行为动态。

2）遇交通堵塞时，应依次停放在人行横道线以外，禁止停在人行横道线上。

3）遇到老年人、儿童时，应该考虑他们的特点，提前减速或停车，让其先行。

4）在路口遇绿灯时，如果仍然有行人，推（骑）自行车、电动自行车的人正在通过人

行横道线，应及时停车礼让。

（十）通过学校区域

1）行至学校附近或有"注意儿童"标志的路段，应及时踩制动减速慢行，注意观察道路两侧及周围交通情况，随时准备停车。

2）遇学生、儿童上学或放学时间，要提前减速慢行，仔细观察学生、儿童的动态，注意避让，必要时停车让行。

（十一）通过公共汽车站

1）车辆驶近公共汽车站时，应及时踩制动减速，注意观察车站内的动态，禁止占用公共汽车专用车道。

2）超越停在车站内的公共汽车时，应预防公共汽车突然起步，并向左变更车道；预防行人从公共汽车的后侧、前面突然横穿道路；应保持与车站内公共汽车有足够的安全横向距离，必要时停车让行。

（十二）会车

1）控制车辆行驶方向、踩制动减速慢行。

2）选择好会车地点。

3）保持好横向间距。

4）主动礼让。

①在划有中心虚线的道路上会车应各行其道，严禁骑压车道分界线，并保持足够的安全车距。

②在没有划中心分界线的公路上会车时，应根据车速、道路情况综合掌握；选择好交会地点，降低车速，并注意观察前面、右面的行人、非机动车，保持足够的安全车距。

（十三）超车

1）超车时应打开左转向灯3s以上，跟踪观察、等待时机，确定可以超车的完成超车。不需要返回原车道的继续行驶。需要返回原车道的打开右转向灯3s以上，向右变更车道，完成超车科目。

2）按照超车规定进行超车。

（十四）公路掉头

在公路上掉头时，应注意降低车速，打开左转向灯3s以上，必要时停车观察。

1）选择宽敞、平坦、偏僻的广场、交通路口以及设有准许掉头标志的地点掉头。

2）掉头时注意让行，不得影响其他车辆、行人、非机动车通行。

3）严禁在桥梁、隧道、弯道、坡道、铁路道口以及设有禁止掉头标志的地段掉头。

（十五）靠边停车

1）靠边停车要严格按照道路交通安全法规的规定进行操作。

2）松开加速踏板，打开右转向灯3s以上，根据情况制动减速，要做出侧头向右观察周围交通情况的姿态，要利用"三把转向"，即"右一左一右"的方法，将车停靠在规定的距离 30cm 范围内。

3）停车后，拉紧驻车制动操纵手柄，关闭点火开关，将发动机熄火。

4）夜间停靠要在灯光关闭前，根据考试需要打开危险警告闪光灯，做好安全防护措施，防止发生意外。

5）停车步骤。

①开启右转向灯，稳踩制动踏板减速，观察右侧。

②速度低于 10km/h 时踩下离合器踏板。

③平稳停车，将变速杆放入空档。拉紧驻车制动操纵手柄。

④关闭转向灯，关闭点火开关将发动机熄火。

⑤取下安全带。

⑥下车前，两次观察交通情况。

⑦下车后，关好车门。

（十六）夜间驾驶

在夜间行驶过程中，要遵守道路交通安全法律、法规的规定，正确开启、使用灯光。

1）上车后，首先开启示廓灯，然后按照白天驾驶起步前准备的顺序操作，并进行报告。

2）打开左转向灯后，开启前照灯（近光灯），然后放松驻车制动操纵手柄。

3）按照考试道路状况正确使用灯光。

4）科目内容和操作要求同白天一样；停车后，（根据考试要求）打开危险警告闪光灯。

5）下车时操作要求同白天一样。

（十七）模拟夜间灯光操作要领

模拟道路驾驶灯光考试设在道路驾驶之前进行，考生在完成报告"仪表检查工作"之后，考试员发出"模拟夜间灯光使用"指令。

（1）模拟夜间灯光使用的基本术语

1）当考生听到指令后，语音提示：现在开始模拟灯光，请在 5s 内完成动作与操作，请开启夜间行驶灯光（近光灯）。

2）夜间在没有路灯照明不良条件下行驶（开启远光灯）。

3）夜间同方向近距离跟车行驶（开启近光灯）。

4）夜间通过没有交通信号灯控制的路口（远近光灯交替使用 3 次后保持在近光灯位置）。

5）夜间在道路上发生故障，妨碍交通又难以移动（开启示廓灯或近光灯及危险警告闪光灯）。

6）雾天行驶（开启雾灯和危险警告闪光灯）。

7）夜间与机动车会车（开启近光灯）。

8）夜间通过急弯、坡路（远近光灯交替使用 3 次后保持在近光灯位置）。

9）夜间在照明不良条件下，紧跟前车行驶（开启近光灯）。

10）前方路段照明良好（开启近光灯）。

11）夜间通过急弯、坡路、拱桥、人行横道或没有交通信号灯控制的路口（远近光灯交替使用 3 次后保持在近光灯位置，操作要有间歇、有节奏）。

12）模拟夜间使用灯光操作完成，请关闭所有灯光。

13）考试合格，请起步。此时应等待 3s，检查所有灯光是否关闭，方可进行下一步动作。

（2）注意事项

1）如果第一次模拟夜间使用灯光合格，继续进行道路驾驶考试。

2）如果第一次模拟夜间使用灯光不合格，应下车，由安全员开回起点，从检查车辆开始进行补考。

3）如果第二次模拟夜间使用灯光合格，继续进行道路驾驶考试。

4）如果第二次模拟夜间使用灯光不合格，考试结束，不进行道路驾驶考试。

（3）模拟夜间使用灯光考试范例

1）第一种模式：

① 现在开始模拟灯光，请在 5s 内完成动作与操作，请开启夜间行驶灯光。（近光灯）

② 夜间在没有路灯、照明不良条件下行驶。（远光灯）

③ 夜间同方向近距离跟车行驶。（近光灯）

④ 请将前照灯变换成远光。（远光灯）

⑤ 夜间与机动车会车。（近光灯）

⑥ 夜间在道路上发生故障，妨碍交通又难以移动。（示廓灯或近光灯及危险警告闪光灯）

⑦ 模拟夜间使用灯光操作完成，请关闭所有灯光。

2）第二种模式：

① 现在开始模拟灯光，请在 5s 内完成动作与操作，请开启夜间行驶灯光。（近光灯）

② 夜间在没有路灯、照明不良条件下行驶。（远光灯）

③ 前方路段照明良好。（近光灯）

④ 请将前照灯变换成远光。（远光灯）

⑤ 夜间在照明不良条件下，紧跟前车行驶，请使用近光。（近光灯）

⑥ 雾天行驶。（雾灯和危险警告闪光灯）

⑦ 模拟夜间使用灯光操作完成，请关闭所有灯光。

3）第三种模式：

① 现在开始模拟灯光，请在 5s 内完成动作与操作，请开启夜间行驶灯光。（近光灯）

② 夜间在没有路灯、照明不良条件下行驶。（远光灯）

③ 请将前照灯变换成远光。（远光灯）

④ 夜间与机动车会车。（近光灯）

a. 请将前照灯变换成近光。（近光灯）

b. 夜间在照明不良条件下，紧跟前车行驶，请使用近光。（近光灯）

c. 夜间通过急弯、坡路、拱桥、人行横道或没有交通信号灯控制的路口。（远近光灯交替使用 3 次后保持在近光灯位置）

⑤ 模拟夜间使用灯光操作完成，请关闭所有灯光。

4）第四种模式：

① 现在开始模拟灯光，请在 5s 内完成动作与操作，请开启夜间行驶灯光。（近光灯）

② 夜间在没有路灯、照明不良条件下行驶。（远光灯）

③ 请将前照灯变换成远光。（远光灯）

④ 夜间与机动车会车。（近光灯）

a. 请将前照灯变换成近光。（近光灯）

b. 雾天行驶。（雾灯和危险警告闪光灯）

c. 前方路段照明良好。（近光灯）

d. 夜间在道路上发生故障，妨碍交通又难以移动。（示廓灯或近光灯及危险警告闪光灯）

⑤ 模拟夜间使用灯光操作完成，请关闭所有灯光。

5）第五种模式：

① 现在开始模拟灯光，请在 5s 内完成动作与操作，请开启夜间行驶灯光。（近光灯）

② 夜间在没有路灯、照明不良条件下行驶。（远光灯）

③ 夜间与机动车会车。（近光灯）

④ 请将前照灯变换成近光。（近光灯）

a. 夜间在照明不良条件下，紧跟前车行驶，请使用近光。（近光灯）

b. 请将前照灯变换成远光。（远光灯）

c. 前方路段照明良好。（近光灯）

d. 夜间通过急弯、坡路、拱桥、人行横道或没有交通信号灯控制的路口。（远近光灯交替使用 3 次后保持在近光灯位置）

⑤ 模拟夜间使用灯光操作完成，请关闭所有灯光。

💡 注意：

① 考试过程中仪表观察要仔细，确认无异常。

② 考试前，检查灯光开关情况和危险警告闪光灯开关情况，察看前照灯是否处于关闭状态。

检查灯光时，立即开启示廓灯并转换到前照灯，查看是近光灯还是远光灯，确认在近光灯位置后，关闭灯光。

③ 注意察看发动机是否起动等。在发动机起动状态下进行模拟灯光操作。

第五部分 安全行车驾驶技能常识

一、安全文明行车知识

（一）机动车驾驶人安全驾驶行为要求

1）严格遵守道路交通安全法，服从交通警察的指挥，讲究交通公德和职业道德，文明驾驶，礼貌行车。

2）驾驶车辆时，要随身携带驾驶证和行车执照，以及其他的相关证件；不准驾驶与准驾车种不符的车辆，严禁将车辆交给非驾驶人驾驶。

3）坚持对车辆进行经常性检查，安全设备应齐全有效，保持车容整洁；不准驾驶机件失灵以及违法乘载的车辆。

4）严禁在车门、车厢没有关好时行车。

5）驾驶车辆时要精力集中，谨慎驾驶，不得超速行驶，不得强行超车，不准闯禁行线。

6）严禁酒后驾车。

7）驾驶车辆时，严禁拨打、接听手持电话，严禁有观看影视录像等妨碍安全驾驶的行为。

8）途经路口、人行横道、学校、公交车站或人多的繁华地段，要减速慢行，注意避让行人、非机动车，保证行车安全。

9）严禁下陡坡时熄火或者空档滑行。

10）安全礼让礼宾车队，严禁穿插。

11）严禁在禁止鸣喇叭的区域或者路段鸣喇叭。

12）严禁向道路上抛撒物品，严禁在机动车驾驶室的前后窗范围内悬挂、放置妨碍驾驶人视线的物品。

13）机动车驾驶人应当注意休息，严禁疲劳驾驶。一般情况下，连续驾驶 2 小时停车休息 20 分钟；连续驾驶超过 2 小时，至少停车休息 1 小时；24 小时内累计驾驶时间不得超过 8 小时；机动车驾驶人每天连续睡眠时间不得少于 6 小时。

14）车辆停放要遵守车辆停放规定，严禁乱停乱放；停放车辆时要关闭电源，拉紧驻车制动操纵手柄，锁好车门。

15）行车中一旦发生事故，要积极抢救伤者，保护现场，及时报警。

（二）机动车驾驶人对参与道路交通应负的安全责任

任何一个拥有正常交通活动权利的参与者，在参与交通活动中，既享有与交通活动相关的特定权利，同时也必须承担相应的义务。权利与义务是相伴而生、相互制约和相互促进的，不可偏置，即不可只重视权利而轻视义务。

1. 交通参与者参与交通活动时享有的权利

交通参与者在参与交通活动中享有路权的权利，所谓路权是指交通参与者根据交通法规的规定，在一定时间和空间范围内在道路上进行交通活动的权利。交通参与者的路权可进一步分为通行权与先行权。

通行权是指交通参与者根据交通法规的规定在道路某一空间范围内进行交通活动的权利。这里的交通参与者包含机动车、非机动车和行人等。如机动车在机动车道上行驶，非机动车、残疾人专用车在非机动车道上行驶，行人在人行横道内行走等都是交通参与者享有通行权利的具体表现。

交通参与者在自己通行的道路区域范围内享有通行权，其他交通参与者有义务保证享有通行权的交通参与者的权利得以实现，不受侵犯，与此同时，享有通行权利的交通参与者也不得侵害其他交通者的权利。

有通行权的交通参与者在通过交叉路口及借道通行条件下实现自己的通行权时，会遇到谁优先通行等时间及顺序方面的障碍，这实际上就涉及在有两个或两个以上交通参与者，需要同时使用道路进行交通活动时谁有权优先使用的问题，而先行权的设置正是为解决这一问题从法律上作出的制度安排。先行权是建立在通行权的基础上的，先行权的形成与通行权的享用密切相关。

先行权是指交通参与者根据交通法规的规定所享有的优先使用道路进行交通活动的权利。其他交通参与者，应当保证享有先行权的交通参与者的权利得以实现。实际中，借道通行的车辆、行人应当主动礼让在本车道内行驶的车辆、行人优先通行；两行驶车辆在狭路、窄桥会车出现困难时，有让路条件的一方应当主动礼让对方先行；在有障碍的路段，有障碍的一方应当主动礼让对方先行等规定就是保障交通参与者先行权的具体化。

机动车在行驶过程中的权利主要表现为在道路上的通行权利，具体包括：<u>通行许可权、优先通行权、借道通行权、占用道路权</u>等。实际中，机动车驾驶人驾车时对这四种权利要正确理解，灵活运用，防止教条化。特别是对于行车优先权的正确理解和执行，可以有效避免交通事故的发生，这是因为交通信号灯、交通标志和交通标线并不总能解决道路上行驶车辆间可能出现的所有冲突。行人在道路上行走过程中的权利主要表现为对道路的使用权利，具体包括：通行许可权、优先通行权等。

实际中，很多行人对通过人行横道时涉及的通行权与先行权等权利并不十分清楚。有些行人只知道"空间路权"，不知道还有"时间路权"，只知道过马路要走人行横道，不知道按"灯的颜色"行走同样重要。他们认为只要上了人行横道就进了"保险箱"，机动车撞到自己肯定是机动车驾驶人的过错，于是闯红灯、乱穿行变得无所顾忌。行人在有交通信号控制的人行横道上通过时，其通行权利的保障主要由交通信号控制：<u>人行横道两端的交通信号灯为绿色时，行人拥有通行权；信号灯为红色时，机动车辆拥有通行权。</u>

<u>行人在没有交通信号控制的人行横道上通过时，行人与机动车辆相比享有优先通过人行横道的权利，在此条件下如果有人通过人行横道时，行驶车辆应停车让行。</u>车辆通过没有人行横道标志的路口要注意避让行人；车辆通过人行横道时，应该减速慢行。

2. 交通参与者参与交通活动时必须承担的义务

交通参与者参与交通活动时必须承担的义务分为两种类型：一种是交通参与者在交通活

动中实现其权利时必须履行的义务，称之为<u>涉及路权的义务</u>；另一种是交通参与者在交通活动中不涉及路权但涉及交通安全的义务，称之为<u>安全义务</u>。

涉及路权的义务是指交通参与者在交通活动中实现其路权时所必须履行的义务。交通参与者在交通活动中要实现其路权，必须履行相应的义务。安全义务是指交通参与者在交通活动中，在实现通行权和先行权时为保证自身和他人的人身、财产安全而必须履行的义务。对于道路交通活动而言，交通参与者在参与交通活动中必须承担的义务主要包括：<u>靠右行驶、各行其道、让行、注意、遵守交通法规以及确保道路交通安全</u>等。

靠右行驶是对机动车、非机动车而言的，是指各种车辆在交通活动过程中必须靠道路右侧通行，不得逆向行驶（一些允许左转向的地方除外）。各行其道、让行、注意、遵守交通法规以及确保道路交通安全等是对全体机动车、行人和骑车人而言的，是指机动车、行人和骑车人在进行交通活动时，必须依照交通法规的规定在各自的道路上行驶（或行走），并在此过程中认真履行让行、注意及确保道路交通安全的义务。

主动让行和先行权是相对应的，即交通参与者在交通活动中有义务保证享有先行权的交通参与者优先使用道路进行交通活动。让行者必须在进入优先通行方的交通活动范围之前履行让行义务，以尽可能不使或少使优先通行方在驾车过程中做出减速、制动和避让等规避行为，如果优先通行方经常做出这些规避行为，这表明有让行义务的一方未能很好地履行让行义务。交通实践表明，违反靠右行驶、各行其道的一方或负有让行义务的一方因未能很好地履行让行义务，通常是造成事故的主要原因。

3．《道路交通安全法》对交通参与者参与交通活动时享有的权利和义务的主要规定

1）根据道路条件和通行需要，道路划分为机动车道、非机动车道和人行道的，机动车、非机动车和行人实行分道通行。没有划分机动车道、非机动车道和人行道的，机动车在道路中间通行，非机动车和行人在道路两侧通行。

2）机动车应按照交通信号通行；遇有交通警察现场指挥时，应当按照交通警察的指挥通行；在没有交通信号的道路上，应当在确保安全、畅通的原则下通行。

3）机动车通过交叉路口，应当按照交通信号灯、交通标志和交通标线或者交通警察的指挥通过；通过没有交通信号灯、交通标志和交通标线或者交通警察指挥的交叉路口时，应当减速慢行，并让行人和优先通行的车辆先行。

4）机动车行经人行横道时，应当减速行驶；遇行人正在通过人行横道，应当停车让行；机动车行经没有交通信号的道路时，遇行人横过道路，应当避让。

二、道路交通参与者的动态分析与处置

我国的公路交通现状以混合交通为主，道路情况复杂多变。由于路口多，非机动车、行人穿梭于道路中间，无处不在，如图 5-1 所示为道路分界通行情况。学会道路交通参与者的行为动态分析与处置，加强职业道德修养，养成文明驾驶习惯，对道路交通安全非常重要。

图 5-1　道路分界通行情况

机动车驾驶人在行车中要通过视觉、听觉观察车辆前后、左右、上下、远近的情况及变化，掌握其特点，找出其规律，才能及时对情况作出判断、分析与处置，准确地采取有效措施，保证行车安全，图 5-2 所示为路口多交通情况。

图 5-2　路口多交通情况

（一）行人动态情况的分析与处置

行人动态是道路交通中的主要情况之一，不同的人有不同的心理，所表现出来的行为也是多种多样的，如图 5-3、图 5-4 所示。

机动车驾驶人在行车中一定要密切注意行人的动向，防患于未然，根据具体情况采取相应的措施，确保安全。

1. 正常行走的行人

在公路上正常行走的人，交通安全意识较强，对汽车的安全行驶影响不大，当看到汽车或听到汽车声以及喇叭声时，能主动避让，靠边行走。遇此情况，一般在距行人 20m 左右鸣喇叭（不要鸣喇叭不止），与行人保持一定的横向间距，正常行驶即可，如图 5-5 所示。

图 5-3　行人穿越机动车道路情况

图 5-4　行人欲穿越和正在穿越公路不避让机动车的情况

2. 交通意识淡薄的行人（麻痹大意）

这种人无视交通法律、法规的约束，安全意识和交通法规观念较为淡薄，麻痹大意，总认为汽车不会也不敢撞人，所以目无一切，不管不顾，即使知道有汽车驶来，甚至车辆已临近，鸣喇叭催促，也不肯快速避让，慢慢吞吞地不予理会，甚至故意在道路中间走或边走边回头，如图 5-6 所示。此情况市区较为常见，机动车驾驶人要有耐心，降低车速，设法避让通过，不可粗暴急躁，更不可意气用事，与行人赌气，贸然加速通过，以防恶性事故的发生。

图 5-5　行人正常行走的情况

图 5-6　交通意识淡薄之人行为情况

3. 安全过于敏感的行人（精神紧张）

有的行人看到汽车驶来或听到汽车喇叭声，就急忙避让；汽车驶近时则惊慌、犹豫，甚至会突然跑向路的另一边。若同行的人多，路两侧都有同伴，会难以确定其避让方向，更易发生危险。在此情况下，应提前（距行人 20m 以外）鸣喇叭并减速，密切注意行人的动向，预计可能发生的危险，握稳转向盘，随时做好制动停车准备，谨慎通过。切勿在临近行人时

突然鸣喇叭，更不可冒险高速通过。

4. 接听手机电话的行人（沉思之中）

有的人工作比较繁忙，电话不断，手持手机边讲话边行进；有的或因工作压力大，或有不顺心的事，单独行走，陷入沉思；有的精神不振或始终注视某一方向，仅是在做本能地行走，对外界的事物置若罔闻，听不到汽车行驶声、喇叭声。发现这一情况，应提前鸣喇叭，务必减速慢行，保持尽可能大的安全距离绕过（或者走其后面通过），并随时做好停车准备，以防车辆临近时，行人被"警觉惊醒"，而突然避让或横穿公路造成事故。

5. 顾前不顾后的行人（顾此失彼）

顾前不顾后的行人，发现后面有汽车，会向路边避让，但汽车一通过就回到路中间来，而不注意后面的随行车辆。有的甚至把后一辆车的喇叭声误以为是前车发出的，不予理会，这种情况往往容易发生事故。还有已横穿公路至中间的人，看到对面来车，立即后退避让，或惊慌回跑，却不顾后面来车，这种人在郊区和闹市区较常见，应多加提防，以防事故发生。

行人中顾此失彼者很常见，机动车驾驶人要及时发现，提前做好准备，注意判断行人的动向，减速慢行，随时准备停车，切实做到防患于未然。

6. 老年人（行动迟缓）

在城镇、乡村居住的老年人，由于年老体弱，感觉不灵敏，行动迟缓，反应迟钝，特别是冬天，不能及时发现汽车，或者虽已发现，但不能准确判断人、车、路之间的距离关系，一时确定不了避让的方向，犹豫不决，有的欲避让，但心有余而力不足。遇到此种情况时，要礼貌行车、减慢车速、主动避让。

7. 少年、儿童（活泼好动）

少年、儿童活泼好动，观察力、判断力不强，他们不懂得交通规则和汽车性能，尤其是对汽车的行驶速度无从判断，因而不知危险，常会随意地或只顾一方车辆突然横穿公路；有物件掉落在路中间，也会不顾一切地回头拾取。成群的小孩会在马路上追逐玩耍，或在汽车临近时突然横穿公路寻找同伴。这些情况一般出现在学校附近、上学途中、城市近郊，尤其是放学后学生成群结队时要特别注意。

还有小孩和大人分开在路两侧行走时，小孩会在汽车驶近时，因害怕汽车而突然横穿公路跑向大人一侧，或跑至中间又返回。因此，发现上述情况后，要谨慎小心，提前减速鸣喇叭，缓行通过，并随时准备停车。不能只顾转动转向盘避让，而不踩制动踏板减速，心存侥幸，冒险行驶。

8. 残疾人（行为能力差）

关爱残疾人是每个公民的义务，在行车中遇到聋、哑、盲等残疾人是经常的。聋哑人听不到外界声音，对鸣喇叭毫无反应，发现这种情况，必须尽快减速，从较宽一侧保持较大的安全距离绕过，必要时停车让行。

盲人看不到景物，听觉较灵敏，听到喇叭声会急忙避让，但一时无法判断避让方向，有的欲避让，又不敢迈步，故站在道路中间不动。遇此情况，只要路面允许通过，就减速绕行，并做好随时停车准备，不可鸣喇叭催促，以免行人受惊，无所适从，发生危险。

9. 气候、季节对行人动态的影响

雨天行人撑雨伞、穿雨衣，视线不清，听觉不灵，不能及时感知汽车驶来；突然遇到暴风骤雨时，会为赶路避雨而乱闯乱跑造成秩序混乱；有些行人事先没注意风向、水洼，一旦发现身处下风或在水洼旁，为躲避灰尘或溅起的泥水，会突然横穿公路，跑向上风或没有水洼的一侧。因此行车中应注意风向，预测行人可能的动态，随时准备应对突然变化。在有水洼的路面，应减速行驶，尽量不要溅起泥水。

在寒冷的冬季，尤其是风雪天，行人穿着棉衣、大衣，行动不便；戴着帽子，护住了耳朵，影响听觉和视线；刮风时，有些行人往往手蒙着眼睛，行走无规律，加之风大，不易听到来车声音。遇到这些情况，一定要多鸣喇叭、早减速，谨慎通过，绝不可与行人争道抢行。

（二）非机动车动态情况的分析与处置

1. 自行车、电动自行车、人力三轮车

自行车、电动自行车、人力三轮车灵活、轻便，是人们普遍使用的交通工具，然而它们骑行不稳定、安全性差，给安全带来了极不利的影响，如图5-7、图5-8所示。

图 5-7　骑自行车之人行为动态情况

驾驶人必须了解骑车人的心理及其动态规律，并正确地加以处理，以保证行车安全。常见情况有以下几种：

图 5-8　骑电动自行车之人行为动态情况

1）正常骑车者：技术熟练，骑行稳定，听见喇叭声能及时、正确避让。因此，对这类人不要鸣喇叭不止，保持适当的横向距离，平稳通过即可。如图5-9所示。

2）违法骑车者：有些骑车者自认为技术熟练，不遵守交通安全法，交通意识差，与汽车竞驶或争道抢行，占道不让，任意地掉头猛拐。对这些人应早鸣喇叭，主动减速避让，谨慎行驶，不可急躁赌气，与其抢行。图5-10所示为摩托车、手扶拖拉机违法占道情况。

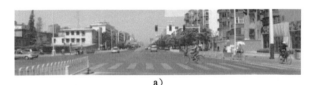

a)

b)

图 5-9　正常骑车者

3）骑车不熟练者：这种情况城镇较多，骑车人技术不熟练，遇事慌张，骑行路线不稳定。听到喇叭声，特别是发现汽车临近，会惊慌失措，摇摆不定，极易摔倒，而且常常是倒向来车的

图 5-10　违法占道情况

一方，危险性极大。遇此类骑车人，应减速行驶，主动避让，保持较宽的横向间距，不可过于靠近，也不要连续不断地鸣喇叭，并随时做好停车的准备。

4）载货或带人的自行车、电动自行车、三轮车，遇有障碍、不平路面，或所带的人突然跳车等情况，会意外失重翻倒。行车时发现有载物、带人的自行车后，要提前鸣喇叭，与其保持较大的横向间距，减速通过。图 5-11a 所示为骑三轮车载货的动态情况，图 5-11b 所示为骑电动自行车载货的动态情况。

a）骑三轮车载货的动态情况

b）骑电动自行车载货的动态情况

图 5-11　骑三轮车、电动自行车载货的动态情况

2．人力车（手拉车）

人力车在少数乡村还可以见到。人力车一般行进缓慢，即使知道有来车，也不能迅速让路，有的还会为避开坑洼、障碍而抢路占道，对汽车驶来毫不理会。因此，遇到人力车时要提前减速慢行，无法超越时，应耐心跟进。驾驶人要有良好的职业道德，为他人着想，文明驾驶。

（三）处置情况的一般要求

处理情况是指机动车驾驶人根据道路上的交通情况，判断、处置对行车影响的交通因素；为有效地控制车辆的转向及行驶速度，避免发生交通事故，保证车辆行驶安全而采取的操纵行为。处理道路动态情况的一般要求有以下几点：

1．处理情况要有预见性

1）及时发现情况：发现情况是处理情况的前提，行车时要看远顾近，兼顾各方，及时发现情况，特别是要及早发现对行车安全有较大影响的情况。车速越快，看的要越远，只有及时发现情况，才能有充分的时间进行分析判断，果断采取有效措施。图 5-12 所示为行人加速穿越公路，驾驶人应及时发现，减速让行，鸣喇叭提醒。

图 5-12　及时发现行人动态情况并避让

2）预见性的分析判断：发现情况后，要迅速地加以分析，作出正确判断。交通情况是错综复杂、瞬息万变的，分析判断一定要透过现象抓住本质，预测情况的变化、发展，千万不可麻痹大意。

3）提前采取措施：采取措施最主要的是控制行驶速度和行驶方向。采取措施要有提前量，尽量避免迫不得已时紧急制动或猛打转向盘。

2．处理情况要有灵活性、针对性

道路情况复杂多变，各不相同，处理情况的方法也不相同。处理情况时，必须根据不同的情况、地点和条件，采取不同的方法，不可死板教条。如图 5-13 所示，既要先处理拖

拉机的情况，也要考虑摩托车动态情况。

3．处理情况要有连续性

图 5-13　处理情况要有灵活性、针对性

交通情况常常是连续出现，接踵而来的。如果只顾前一个情况，处理后思想松懈、麻痹大意，就会错过处理后续情况的有利时机，造成事故。因此，必须不断地发现新情况、判断新情况，及时处理好后续情况。

（四）处置情况的一般原则和方法

处理情况时，运用机件要灵活，应根据当时的距离、车速、环境等，运用转向、制动、加速踏板、喇叭等灵活处理。有的情况只需要鸣喇叭即可；有的只需使用转向或制动即可避开；还有的情况只要松开加速踏板，利用发动机制动减速即可处理；有时也要综合运用各个机件，做到随机应变。如图 5-14 所示，处置该摩托车动态情况就综合运用了以下四种处置原则。

图 5-14　综合运用四种处置原则处理摩托车动态情况

1．先近后远

交通情况的出现虽然具有连续性，但出现时一般是有先有后，要首先处理近处的情况，防止出现顾远不顾近的现象。

2．先人后物

行人和骑自行车、电动自行车的人是交通弱者，防护能力差，容易受到伤害，处理情况时要把行人和骑车人的安全放在首位，首先避开行人和骑车人，然后再处理其他情况。

3．先制动、转向后变换档位

车速越快，危险性越大，处理情况的难度也越大。因此，一旦发现对行车安全有影响的情况时，首先要放松加速踏板，运用制动适当减慢车速，同时掌握好转向盘，需要绕行时，应提前转动转向盘。当情况允许继续行驶时再变换合适的档位，避免只顾换档不顾制动、转向而发生危险。

4．先动态后静态

动态情况的速度、位置是在不断改变的，有时甚至难以预料其改变的趋势，而静态情况则是固定不动的，容易作出正确的判断。因此要集中精力，密切注意动态情况的状态及其趋势，及时对其加以判断和处理。

三、汽车行驶动态分析与处置

（一）交通路面的选择

汽车的行驶路面是影响行车安全、轮胎和减振器（钢板弹簧）等机件的使用寿命、燃料消耗以及驾驶人疲劳强度的重要因素。在行车中正确选择行驶路面，尽量避免颠簸、偏重，可以延长车辆的使用寿命，提高车辆使用的经济性、乘坐舒适性，保证行车安全。

在平坦的一般道路行车时，在无会车和超车的情况下，应尽可能选择车道分界线中间路面行驶。在无车道分界线的路面，应选择中间路面行驶，这是因为路面一般是中间高，两边低，且中间较为平整、坚实，行车阻力小。不能长时间靠道路右侧行驶（无车道分界线的道路上），以免加重右侧轮胎、钢板弹簧、车架等机构的负荷，造成不均衡磨损和损坏，也不可偏左行驶。

遇到凹凸不平的路面，应尽量避开凹坑、凸起物、尖石、异物等，视有无来车、凹坑、异物等情况，采取绕行、骑行、低速单轮下坑、低速双轮下坑等方法平顺通过。不能车到坑前突然转动转向盘避让，以防发生侧滑、侧翻和对其他车辆造成危险。应提前减速，避免在下坑时使用紧急制动，防止载荷前移，损坏机件。通过连续凹凸不平路面或"搓板"路时，要适当降低车速，稳住加速踏板，匀速行驶。

（二）车速的控制

行驶速度直接关系到行车的安全性、经济性和机件使用寿命，行车中必须合理地选择和控制车速。速度选择要根据车型、环境、交通和气候条件，以及驾驶人的技术水平、生理、心理等因素来确定。一般来说，只要在道路条件、车辆状况和环境条件允许下，在不违反交通法规规定的情况下，应尽可能选用高速档，以充分发挥车辆的机动性。图 5-15 所示为车辆通过高架桥按规定速度行驶情况。

图 5-15　车辆通过高架桥按规定速度行驶情况

在不同的道路上行车，速度应与当时的环境、交通状况相适应，必须灵活、合理地加以控制。"十次事故九次快"，不合时宜地开快车，危险性是显而易见的。车速过快，一是汽车的稳定性降低，容易引起侧滑、翻车，驾驶失控；二是驾驶人的注意力集中点（视距）变长，视野窄，能看清的范围、距离减小，潜在的危险性就大；三是制动距离成倍增加，一旦遇到紧急情况会来不及减速停车，导致交通事故的发生；四是增加了驾驶人的疲劳程度。

> ☀ 注意：初学驾驶的学员，即使在良好的路面上开车，由于驾驶水平有限，车速一般不要超过 45km/h，以保证行车安全。尤其是在考试过程中，严禁开快车。

（三）车距的控制

同向行驶的两车之间的纵向距离称为行车间距或跟车距离。车距的大小主要取决于车速，车速越快，两车之间的距离应越大；车速慢时，距离可适当减小，如图 5-16 所示。

在通常情况下，判断跟车距离是否合适有两种方法：一是根据当时车辆的

图 5-16　车辆跟车距离情况

行车速度来确定，即通过车辆时速确定最小跟车距离，如：以 40km/h 速度行驶，两车的距离至少应保持 40m；二是"三秒钟"法，即在前方路边选一静止物，如标志牌、停止的汽

车等，当前车达到这一位置时，后车驾驶人开始默念"一秒钟、两秒钟、三秒钟"，如果念完时，自己的车刚好到达（或尚未到达）这一位置，说明与前车之间的距离是合适的，如果未念完，车就驶过了这一位置，就说明跟车距离太近了，应该减慢车速，加大车距。

> ☀ **注意**：以上方法都是在车况良好，道路条件良好，机动车驾驶人的心理、生理条件良好的状况下运用。雨、雪天路面湿滑，雾天、夜间视线不良，车况差、制动不灵，驾驶人疲劳、反应能力下降等情况下，跟车距离应适当加大，变为"四秒钟"或"五秒钟"法，以确保合适的安全行车距离。

在高速公路上行驶的车辆，车速超过 100km/h 时，应当与同车道前车保持 100m 以上的距离；车速低于 100km/h 时，与同车道前车距离可以适当缩短，但最小距离不得少于 50m。

（四）会车

1. 侧向间距

会车或超车时的侧向间距与车速有关，车速越快，所需的间距越大。侧向间距是受到路幅限制的，在条件允许时，会车应尽量保持较大的侧向间距。图 5-17 所示为车辆会车时让出中心线位置情况。图 5-18 所示为车辆按车道分界线行驶，保持左右两侧有足够的侧向间距情况。

图 5-17　车辆会车时让出中心线位置情况

2. 会车方法

在视线良好、侧向安全距离足够的道路上会车，会车时可根据道路交通情况不降低车速，在有车道分界线的道路上会车时，可各行其道。

图 5-18　车辆按车道分界线行驶情况

在较窄（6~7m）的路面上会车时，要提前选好交会地点，尽量选择宽阔地段；同时根据来车的速度、与交会点间的距离等，将车速控制在 40km/h 以下，这类公路的路基土质较松软，注意不要因过于靠边出现侧滑而造成翻车。

雨天及在泥泞路、冰雪路会车时，路面湿滑，必须提前减速，选择宽阔地点，必要时停车交会。靠边让路时切不可驶进路基。土质路基被雨水浸湿后，既滑又软，轻则引起车轮打滑下陷；重则滑出路面或压塌路基造成翻车。交会瞬间还应注意不可使用紧急制动，以防发生侧滑，引起碰撞。

尽量避免在窄而陡的坡道上会车，无法避免时，靠坡一侧车辆应让另一侧车辆先行。遇有障碍物时，车辆交会应遵守右侧通行原则，即右侧有障碍物一方车辆，让右侧无障碍物一方车辆先行。避免在窄桥、窄路、隧道、急弯等地点会车。若在这些地段遇有来车，应视来车速度、车型、距离及道路条件等情况，正确地控制车速，若预计对方先到危险地段，则应提前减速或停车，让对方先通过；反之，可提前加速，通过危险地点后，再与来车交会。

（五）超车

超车应选择道路宽阔、视线良好的地段，并在道路交通安全法等有关规定允许的情况下进行。如图 5-19 所示，车辆从左侧超车，应通过左后视镜观察左侧道路交通情况，看有没有足够的超车间距，是否影响其他车辆行驶。

图 5-19　通过左后视镜观察左侧道路交通情况

超车时，首先要接近被超车，同时鸣喇叭（夜间用断续灯光）示意；当被超车听（看）到信号，仍正常行驶或让路后，打开左转向灯，向左稍转动转向盘，与被超车保持足够的侧向安全间距，从左侧加速超越；超过后，与被超车保持适当的安全距离，再驶入正常的行驶路线。严禁超越后立即向右变更车道。图 5-20 所示为车辆从左侧超车后观察道路交通动态情况。

图 5-20　车辆从左侧超车后观察道路交通动态情况

超车时不仅要正确估计自己及前车的速度，若对面有来车，还要准确判断来车的速度，有会车可能时，严禁超车。图 5-21 所示为前方车辆挡住视线，禁止超车情况。

图 5-21　前方车辆挡住视线，禁止超车情况

超车必须在具备超越条件，绝对保证安全的前提下方可进行。不可意气用事，急躁冒险，不分时机和场合强行超越。过近跟车时，要密切注意前车动态，随时做好减速、停车的准备。如图 5-22 所示，前方道路视线良好，可以跟随超车，但是不能现在超越小型机动车，即不能超越正在超越车辆的车辆。

图 5-22　前方道路视线良好，可以跟随超车情况

有时，前车靠右不是为后车让路，而是为躲避路中间的障碍或坑洼，或者是要与对面来车交会，这时若冒险超车，就会发生危险。

超越停放的车辆，防止其突然起步驶入行车道或突然打开车门。停驶的车辆前面也常常会骤然出现横穿公路的行人，特别是靠站停着的公共汽车。对此，驾驶人必须有所准备，确保行车安全，必须严格遵守道路交通安全法中有关禁止超车的规定，图 5-23 所示为车辆超越停靠站的公共汽车情况。

图 5-23　车辆超越停靠站的公共汽车情况

1. 正确超车

超车时，应当提前开启左转向灯，变换使用远、近光灯或者鸣喇叭。在确认有充足的安全距离后，从前车的左侧超越，在与被超车辆拉开必要的安全距离后，开启右转向灯，驶回原车道。

2. 让超车

在没有道路中心线或者同方向只有一条机动车道的道路上，前车遇后车发出超车信号时，在条件许可的情况下，应当降低速度、靠右让路，不准故意不让或加速行驶。图5-24所示为让对方车辆超越情况（让超车）。

图5-24　让对方车辆超越情况（让超车）

（六）让车

行驶中发现有车辆尾随其后，并发出了超车信号时，应根据道路及交通情况确定是否让路；若条件允许，应主动打开右转向灯，减速靠右，让后车超越。严禁故意不让、让路不让速或让速不让路，甚至在被超越时故意加速不礼让等其他恶劣行为。图5-25所示为公共汽车行驶违法占道，停车让其先行的情况。图5-26所示为对方为校车，在会车时，让道（让路）让其先行的情况。

图5-25　停车让公共汽车先行的情况

在无交通信号和交通警察指挥的路口，遇另一条干道上车辆同时通过十字路口时，左侧车辆（甲车）应让道（让路）让右侧车辆（乙车）先行，如图5-27a所示。

在无交通信号的路口，遇另一条支道上车辆同时通过十字路口，进入主干

图5-26　对方为校车，在会车时，让道（让路）让其先行情况

道时，如果右侧路口有让行标志，右侧车辆应让行（乙车让甲车先行），如图5-27b所示。

图5-28所示为车辆进入主干道前停车观察、让行的标志。

（七）跟车

驾驶汽车时，跟车是十分常见的，因此，必须掌握跟车行驶的要领和注意事项。

1）保持足够的安全距离。跟随车辆行驶时必须保持一定的安全距离，而且要根据车速、环境的变化及时加以调整：在城市街道上驾驶汽车，车速较慢时，跟车距离可小一些；在高等级公路、高速公路上行驶时，车速快，跟车距离必须增大。图5-29所示为判断车辆跟车安全车距情况。

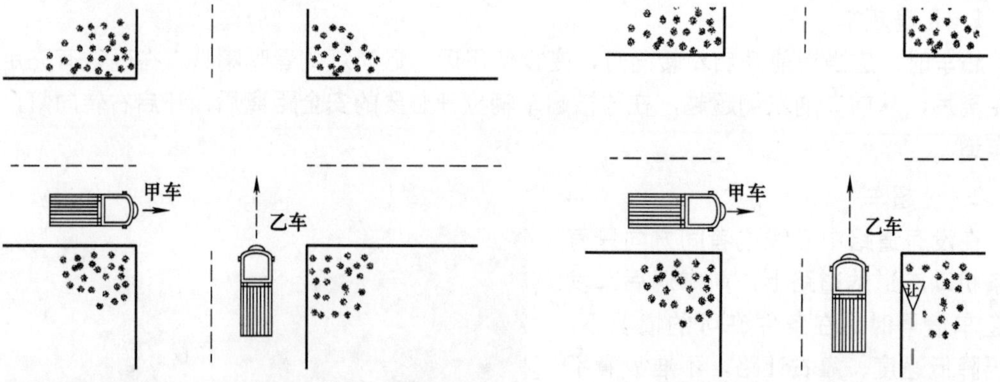

a) 左侧车辆让道(让路)，右侧车辆先行(甲车让乙车先行)情况　　b) 右侧支线车辆让行(乙车让甲车先行)情况

图 5-27　会车让行示例

2）控制好车速。行驶速度必须与前车相适应，通常以加速踏板控制为主，加速踏板使用要平稳，发现车距过近，稍松一点加速踏板，车距过大稍深踩加速踏板即可。要逐渐改变车距，避免出现车速忽快忽慢的现象。

3）观察情况要全面。在跟随车辆行驶时，视线被前车所阻挡，视距缩短，视野变窄，视点容易集中在前车的尾部，对其他的交通情况难以及时发现，影响行车安全。因此，行驶中观察情况要灵活，既要掌握前车的动态，也要注意及时发现前车前面的交通情况，以增加处理情况的主动性。

4）随时准备减速或停车。每一辆车都要与车流或车队保持一致，跟车时前车随时都

图 5-28　车辆进入主干道前停车观察、让行的标志

图 5-29　掌握跟车车距情况

有减速或停车的可能，尾随车辆必须提高警惕，随时准备减速或停车；前车的制动灯突然闪亮时，后车必须及时松开加速踏板，并根据前车的情况果断采取制动措施。

5）当前车因处理交通情况停车时，尾随车辆要依次停放，不得随意超越，以免造成交通堵塞。如果前车是因故障或其他原因靠边停车，可提前开启左转向灯，鸣喇叭超越前车。

6）跟车行驶由于注意力集中，容易造成驾驶疲劳，途中要适时休息恢复精力，以保证安全。

四、城市道路驾驶常识

（一）城市道路交通的主要特点

1. 行人、非机动车多

城市的人口密度很高，尤其在上下班的交通高峰时段，道路十分拥挤。图 5-30 所示为

车辆行驶在路口的交通情况。

另外，个别行人的交通安全意识差，交通法规观念淡薄，经常违法行走，抢占机动车道。在无安全防护设施的路段和无交通信号、无交警指挥的交叉路口处，或者左转弯、直行、右转弯一起放行的路口，经常会有行人随意地横穿公路或在车道上行走。这种人、车混行的道路交通状况十分混乱，严重影响城市形象和行车安全。图 5-31a 所示为公共汽车变更三个车道违法行驶至最左侧车道情况，图 5-31b 所示为电动自行车任意通行情况，图 5-31c 所示为摩托车任意占道通行情况。

2. 机动车多

由于我国经济的迅速发展，私家车、出租车、公共汽车、运输车数量迅猛增加，城市道路负担越来越重，拥堵现象时有发生。图 5-32 所示为交通路口各种车辆拥堵情况。

个别机动车驾驶人交通意识差，无视交通法规，行驶无规律，争道抢行，任意停车，妨碍其他车辆行驶。摩托车快速、灵活、任意穿行、超车；电动自行车数量庞大，常常占道行驶。这种交通状况，致使汽车行驶速度减慢，道路通行能力降低，极易造成交通堵塞，甚至发生事故。图 5-33 所示为摩托车占道并与汽车抢道行驶情况。

图 5-30 车辆行驶在路口的交通情况

a）公共汽车变更三个车道，违法行驶至最左侧车道情况

b）电动自行车任意通行情况

c）摩托车任意占道通行情况

图 5-31 公共汽车、电动自行车、摩托车任意占道通行情况

图 5-32 交通路口各种车辆拥堵情况

图 5-33 摩托车占道并与汽车抢道行驶情况

3. 道路拥挤

道路交通是城市建设的基础设施，虽然各城市对道路进行了大量的建设和改造，但目前城市的道路状况还远远不能适应现代交通发展的需要。路少车多、道路拥挤始终是现代城市交通发展的一大矛盾，在一定程度上制约了经济发展的速度，图 5-34 所示为交通路口车辆按交通标线分道行驶情况。

图 5-34　交通路口车辆按交通标线分道行驶情况

另外，县级城镇道路网络布局不合理，交通信号设施不完善，降低了现有道路的利用率，使车与路的矛盾更为突出，图 5-35 所示为交通路口信号灯没有启用情况。

图 5-35　交通路口信号灯没有启用情况

4. 交通设施完善

中等以上城市的交通安全管理、交通信号、安全设施较为完善，提高了道路畅通能力，特别是立交桥的出现，缓解了城市交通不堪重负的局面。

图 5-36 所示为车辆由慢车道经过匝道，通过加速车道汇入行车道的交通路口情况。

图 5-36　通过加速车道汇入行车道的交通路口情况

（二）城市交通几种特殊情况的分析与处理

1）上、下班时间是城市交通的高峰期，部分行人为赶乘交通车辆，行走匆忙，只顾抢时间而忽视来往车辆，常常抢道过街；自行车、电动自行车川流不息，形成车流，对机动车往往置之不理，不愿让路。此时应谨慎驾驶，遵守行车规则，兼顾左右，随时做好停车准备，不可与行人、非机动车抢道。

2）经过公共汽车站或其他停驶车辆时，常有人从汽车前后突然冲出，去赶乘其他车辆而横穿公路。各类出租车随意行驶，有的则见空就钻，急停猛拐，常使尾随车辆措手不及。此时应谨慎驾驶，在允许鸣喇叭的地段注意鸣喇叭，兼顾左右，并随时做好停车准备，礼貌行车。

3）菜市场、超市、商业街区以及其他公共活动场所附近的街道，常有人群聚集，人声嘈杂，难以听到机动车喇叭声，人们对交通情况不注意，随意横穿马路，或在机动车道上行走、站立，容易发生伤人事故。此时驾驶人要集中精力，提高警觉，减速慢行，谨慎驾驶。

4）城市的孩子喜欢在巷道内游戏，特别是在学校附近，放学时成群的学生拥入街道路口，还有个别学生在道路旁追逐玩耍，甚至会突然闯入机动车道，极易发生危险。此时应集中精力，注意道路两旁动态，减速行驶，随时做好停车准备。

5）城市道路上的摩托车、电动自行车数量众多，这种交通工具骑行灵活、转弯快，一有机会就抢道、乱钻，对汽车毫不在意，且稳定性差，易摔倒，与汽车之间发生的事故率较高，且为交通弱者，一旦发生事故，很容易造成骑车人伤亡。

☀ 注意：行车时一定要集中思想，耐心谨慎驾驶车辆，控制好车速，全面地观察行人、自行车、电动自行车和其他车辆动态，迅速准确地作出判断，及时正确地采取措施。切不可心存侥幸，更不可争道抢行，确保行车安全。

（三）城市驾驶注意事项

1）要严格按照道路交通标志行车，服从交通管理人员的指挥。

2）注意观察道路交通情况，集中精力、控制车速、保持适当车距，随时做好停车准备；上、下班时间是交通高峰期，要注意礼让行车，耐心谨慎驾驶，切勿意气用事，以免发生意外。

3）通过转弯、桥梁、路窄人多的地方，须缓慢行驶；在交叉路口、繁华地段等人车集中地段，更要谨慎小心。图 5-37 所示为车辆左转弯进入交通路口情况。

图 5-37　车辆左转弯进入交通路口情况

4）掉头应尽量选择行人和车辆较少、宽阔的广场或其他允许掉头的地点。必要时应有人指挥，避免在繁华或狭窄的地段掉头。

5）停车要在指定的地点按顺序停放，自觉遵守有关规定，不得随意乱停、乱放，妨碍交通。

6）有些驾车新手经验不足，上路后不能跟随车流行驶。遇到这种情况要有耐心，谨慎跟随，待条件允许时才能超越；切勿连续鸣喇叭，强行超车，挤占车道，以免发生事故。

（四）通过交叉路口

交叉路口是行人、非机动车、机动车集中通过的交通要道，同时也是事故容易发生的区域，机动车驾驶人必须严格遵守道路交通安全法，保证道路畅通。图 5-38 所示为车辆通过环形路口交通分流情况，虽然此种路口已经不适应现代城市建设的要求，但其还在许多城乡道路中发挥作用，所以简单介绍一下。

通过环形路口时，应先直行进入路口，降低车速，不需要开转向灯，按右转弯的通行规定行驶到任意一个路口，当进入需要通行的路口前，开启右转向灯，靠右侧车道行驶，驶出环形路口。

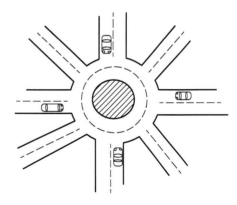

图 5-38　车辆通过环形路口交通分流情况

通过有交通信号灯的路口时，应根据路牌指示标志，提前 30~50m 进入要前往目的地的导向车道，根据交通信号灯的指示通行（有交通警察指挥时，按照指挥手势通行），如图 5-39 所示。在通过"T"字路口、"十"字路口或多岔路口时要看清楚路标指示，防止错过路口，走冤枉路。图 5-40 所示为车辆通过路口右转弯并超越公共汽车情况。图 5-41 所示的车辆通过"十"字路口遇红灯等待时的情况。

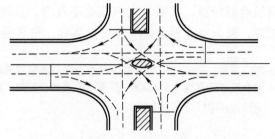

图 5-39　车辆通过路口交通分流平面设计情况

图 5-40　车辆通过路口右转弯并超越公共汽车情况　　图 5-41　车辆通过"十"字路口遇红灯等待时的情况

（五）通过公路与铁路平交道口

在城市道路中，铁路铺设错综复杂，虽然增加了立交桥，但还是有公路与铁路平交道口。为了确保行车安全，应注意：

1）通过公路与铁路的平面交叉口时，要提前降低车速，密切注意铁路两边有无火车驶来，通过有人看守的道口时，要听从道口管理人员的指挥。图 5-42a 所示为车辆强行通过有人看守的道口发生事故情况。

2）通过无人看守的铁路道口时，要做到"一停、二看、三通过"，严禁与火车抢行。图 5-42b 所示为车辆通过无人看守的道口发生事故情况。

a）车辆强行通过有人看守的道口发生事故情况　　　　b）车辆通过无人看守的道口发生事故情况

图 5-42　车辆通过道口时发生事故情况

3）穿越铁路时应视情况提前减速，换入适当档位，一气通过，不得在铁道区内换档、制动，以防熄火。

4）若通过时发生故障，应设法立即离开，不得长时间停留。

5）遇有火车通过时，应在道口等待放行，尾随前车依此纵列停放，不可超越前车而造成交通阻塞，以免通行时蜂拥而上，影响道路的畅通能力。

（六）通过小区、街巷

城市中的小区、县城中的街巷，交通情况复杂，通过时应严格遵守交通管理规定，同时还要注意以下问题。

1．通过小区

城市中小区（街巷）的规划合理紧凑，道路狭窄，人口集中；来往行人、非机动车穿梭其中且车辆停放密度大，致使交通情况复杂。

1）进入小区（街巷）时，首先应降低车速，注意巷区的车辆、人员的动向，及时鸣喇叭，并随时准备采取应急措施。

2）思想要集中，机敏、沉着、谨慎、耐心，尽量靠右行驶，要讲究职业道德，做到先让行人、非机动车通行。

2．通过摆摊的街区

1）进入摆摊的街区时，要谨慎驾驶，集中精力，低速行驶，正确判断各种车辆、行人的动态，对影响通行的摊位，等待或下车帮助挪动后再通行，切忌鸣喇叭催促。

2）正确把握转向盘，起步要平稳，运用好离合器，要顾及车轮的行驶轨迹，转向盘不要猛打猛回，以免路人惊慌而造成剐蹭、磕碰事故。

（七）通过施工路段

城市建设日新月异，施工难免会影响道路通行能力，如图 5-43 所示，车辆在通行的过程中应做到：

图 5-43 车辆通过施工路段依次等待放行情况

1）服从现场施工人员指挥，防止高空落物以及地面坑洼使行车受阻。

2）遵照标牌指示行车，注意交通标志信号，按规定的路线行驶，进出匝道时应掌握好转向盘，控制车速，保持适当距离。

3）夜间通过施工路段，要注意红灯标志，必要时停车观察，切勿贸然行进。

五、桥梁、隧道驾驶

公路立交桥、高架桥、隧道是解决公路交叉路口交通拥挤、提高车流量较为有效的办法。随着大中城市汽车保有量的不断增加，市区车速不断下降，交叉路口堵塞情况日趋严重，由此各种适合地形地貌、有效加大车流量的公路立交桥在我国各大中城市及高速公路中应运而生，有效地提高了道路畅通能力。

（一）公路立交桥

1. 立交桥的种类

按交通功能或有无匝道连结上下相交道路，立交桥可分为完全互通式立交桥、部分互通式立交桥、环形立交桥和分离式立交桥。

1）完全互通式立交桥是指不同高程的相交道路之间有特设匝道的立交桥，因此转弯车辆可以通过匝道与直行车道互相沟通，从而确保各方向车流畅通无阻，互不干扰，完全消除了平面冲突点。因此，完全互通式立交桥是迄今为止最完善、最无后顾之忧的一种立交形式。只要机动车驾驶人按指定的方向行驶，就可以保证相交道路上各个方向的车辆互不干扰。完全互通式立交桥按其具体结构特征又可分为苜蓿叶式、喇叭式、叶式等几种类型。完全互通式立交桥如图 5-44 所示。

图 5-44　完全互通式立交桥

2）部分互通式立交桥也是一种不同高程的相交道路之间有特设匝道的立交桥，但它与完全互通式立交桥的区别在于：不是每个方向的车辆都采用立体交叉的形式。由于受地形条件的限制或是考虑到主次干道上交通量的悬殊，在某些路口修建了部分互通式立交桥。它仅能保证主干道上直行车辆与其他方向的车辆立体交叉，而个别方向的车流仍是平面交叉。因此，这种类型的立交桥次干道上的左转弯车辆是受交叉冲突点干扰的。部分互通式立交桥的主要形式是菱形。菱形立交桥根据斜向匝道及车道数的不同，还可以分为多种形式。

3）环形立交桥也是一种互通立交桥，它是由环形平面交叉发展起来的。其特点是某一主干道或两干道上的直行车辆，以上跨或下穿的形式直接通过路口，不与其他任何路线平交，从而保证了干道上直行车辆的畅通，其他流向的车辆均通过环道作逆时针单向绕行，到达所去的路口时，右转驶出环道。环形立交桥的形式也是多种多样的，有圆形、椭圆形等，此外还有二层环形立交、三层环形立交之分。圆形互通式立交桥如图 5-45 所示。

图 5-45　圆形互通式立交桥

4）分离式立交桥是指相交道路之间没有特设匝道的立交桥。它是一种形式最简单的立交桥，一般仅能保证直行方向的交通互不干扰。转弯车辆（特别是左转弯车辆）则根据具体情况允许其在交叉口处平面交叉。分离式立交桥一般有分离式两层立交桥和分离式三层立交桥两种。

2. 通过立交桥的规则

(1) 苜蓿叶式立交桥

1) 直行车辆: 按原行驶方向从桥上、桥下直行通过, 如图 5-46、图 5-47 所示。

图 5-46　车辆通向立交桥引桥情况

图 5-47　车辆直行通过立交桥情况

2) 右转弯车辆: 见到右转弯标志后, 开启右转向灯, 在第一个岔路口向右转, 按照交通标志、标线指示的方向行驶, 转弯后顺路行驶。图 5-48 所示为立交桥车辆分流通行情况。图 5-49 所示为车辆通过立交桥完成右转弯分流通行情况。

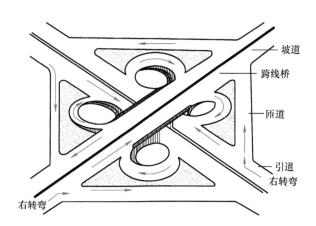

图 5-48　立交桥车辆分流通行情况

图 5-49　车辆通过立交桥完成右转弯分流通行情况

3）左转弯车辆：驶过跨线桥后，在行驶方向的第二个路口向右转弯，进入匝道。图 5-50 所示为立交桥车辆左转弯分流通行情况。

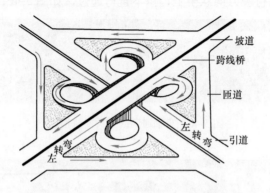

图 5-50　立交桥车辆左转弯分流通行情况

从匝道入口处经过一段弯路，由匝道出口到主干道入口，即可达到左转弯的目的，如图 5-51～图 5-54 所示。

图 5-51　车辆由主干道直行通过立交桥桥下情况

图 5-52　车辆由主干道直行通过立交桥桥下观察右转弯路口情况

图 5-53　车辆通过右转弯路口行经匝道通往主干道情况

图 5-54 车辆通过立交桥完成左转弯分流进入主干道通行情况

4）掉头车辆：车辆在立交桥上掉头要经过两次道路转换才能完成：低速进入干道，驶过跨线桥后，在行驶方向上的第一个路口向右转弯，进入匝道，从匝道入口处经过一段弯路，由匝道出口到车辆原来主干道入口，经主干道通过立交桥下，进入行驶方向的第一个路口，向右转弯，经匝道行驶至桥上主干道入口，即可达到车辆掉头的目的。图 5-55 所示为车辆在桥上通过立交桥，经过两次左转弯分流完成公路掉头平面通行情况。图 5-56 所示为车辆在桥下通过立交桥，经过两次左转弯分流完成公路掉头平面通行情况。

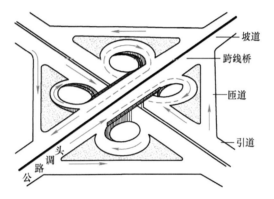

图 5-55 车辆在桥上通过立交桥完成公路掉头平面通行情况

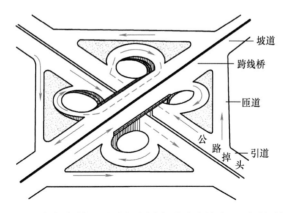

图 5-56 车辆在桥下通过立交桥完成公路掉头平面通行情况

在立交桥分步实施公路掉头情况如图 5-57～图 5-60 所示。

图 5-57　车辆直行通过立交桥跨桥，在第一个右转弯路口经匝道至桥下主干道情况

图 5-58　车辆直行通过立交桥跨桥下主干道情况

图 5-59　车辆直行通过立交桥跨桥下主干道观察右转弯路口情况

图 5-60　车辆通过立交桥右转弯路口经匝道到达桥上主干道入口情况

（2）环形立交桥

车辆通过环形立交桥与通过苜蓿叶式立交桥的直行、右转弯方法一样，如图 5-61 所示。

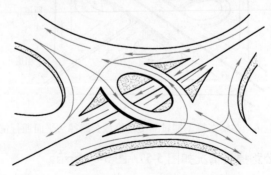

图 5-61　车辆通过环形立交桥分流行驶情况

左转弯、掉头的车辆：先由主干道变换到慢车道靠右侧行驶，经引桥（匝道）至上一层桥面，观察情况后进入环形岛，绕环岛 90° 完成左转弯；绕环岛 180° 完成掉头行驶。

3．通过立交桥的一般技巧

立交桥指示标志是指车辆在立交桥上的行驶标志，常见的有直行及右转标志、直行及左转弯标志和环岛行驶标志。通过公路立交桥时应注意以下几个问题。

(1) 熟悉公路立交桥的形式及行车路线

按相交道路之间有无连接匝道、连接匝道的类型及交通流的组织形式的不同，公路立交桥的形式多种多样。完全互通式立交桥上只允许右转弯，严禁直接左转弯或掉头；由于有较大的坡度和弯度，影响视线，上下立交桥时要控制车速，保持距离，以防不测；转弯前开启右转向灯，减速靠右侧行驶进入转弯匝道，禁止从快车道紧急制动突然向右转弯；转弯后视情况并入快车道。

(2) 注意识别立交桥上的交通标志

通过立交桥时，必须注意观察交通标志，严格按标志指引行驶方向，做到文明礼貌。立交桥上的交通标志分为立交桥指路标志和立交桥指示标志两种。由于汽车在立交桥的路段上行驶速度比较快，而立交桥本身又很庞大，如果对路段不熟悉，很难有充分时间来识别立交桥的类型。为此，驾驶人必须在远离立交桥时就留意观察道路前方的指路标志，指路标志是一种整体式指示标志，注有方向、地点说明。

(3) 遵守立交桥的行车规定

直行车辆应主动为转弯车辆让出其所需车道；禁止在立交桥上倒车、停车；如果车辆行至立交桥时发生故障，必须想办法将车移走，以免影响交通。

（二）通过隧道

图 5-62 所示为车辆进入隧道前情况。隧道的建设给道路交通提供了便捷，缓解了路面道路的压力，但是隧道的通行是单向双车道，无路肩，道路狭窄，所以通过隧道时应注意以下问题：

图 5-62　车辆进入隧道前情况

1）进入隧道前，在距离隧道 100m 时开始减速，50m 时开启近光灯，如图 5-63 所示尽量靠右侧车道行驶。

2）进入隧道后注意隧道内的道路情况，按进入隧道的规定速度行驶。不得超速行驶；尽量避免超车，超车时用灯光闪烁示意，严禁鸣喇叭，严禁强行超车。图 5-64 所示为车辆在隧道中行驶情况。

图 5-63　车辆距离隧道 50m 时开启近光灯情况

图 5-64　车辆在隧道中行驶情况

3）严禁在隧道内停车、逆行、骑压车道分界线行驶。

（三）通过高架桥

1. 高架桥的设置

图5-65所示为高架桥（跨海大桥）道路设置通行情况。一些大中城市在主干道上设有高架桥道路，高架桥道路有多种形式，通常类似单向立交桥，利用大跨度连续通过几个交叉路口后又回到原来主干道上。图5-66所示为车辆通过高架桥单方向行驶情况。

有的高架桥是从交叉路口立交桥的基础上延伸下去的，其在不同高度有不同的道路桥向各方向延伸，给人一种多层复杂的感觉。遇到这种高架桥，应按交通标志、标线行驶，高架桥均是单行线，要记住出口名称，准确出入。

图 5-65　高架桥（跨海大桥）道路设置通行情况

2. 通过高架桥的行驶规定

1）驾驶货车通过高架桥时，严禁车厢内载人；厢式货车后挡板门必须关好，锁止可靠。

图 5-66　车辆通过高架桥单方向行驶情况

2）同方向三车道自中心分离带依次向右，第一条为超车道，第二、三条为行车道。

3）车辆通过匝道驶入行车道时，应注意正常行驶的车辆。

4）正常行驶的车辆驶离主干道进入匝道时，应逐渐变更车道，进入匝道，驶离高架桥；如未及时变更车道的，应从下一匝道口驶离高架桥。

5）在高架桥主干道上，车辆严禁掉头、倒车；不准临时停车，遇特殊情况时，必须靠道路右侧边缘停车，并在50m外设置警告标志，同时开启危险警告闪光灯，夜间同时开启示廓灯和后位灯。

六、山区、高原道路驾驶

（一）山区道路驾驶

1. 山区道路特点

我国幅员辽阔，属于多山地国家，在山区公路上行车是十分常见的。山区公路多数在丘陵，地貌起伏不定，坡陡弯急，或在崇山峻岭之中顺着河流蜿蜒崎岖。图5-67所示为丘陵地带公路地理特点。由于山区公路依据自然地理条件修筑，这类公路都有以下特点。

（1）路窄弯急

虽然现在的公路建设比较完善，但是在山区中修路的难度还是很大，因此干线公路路面比较窄。公路多为盘山绕行或依山傍水，弯道曲折，连续不断，视线不良。行驶时须提前减速，且换档频繁，经常要准备避让和停车，使驾驶人经常处于高度紧张的状态，精力消耗大，容易疲劳。

(2) 坡长且陡

山区的道路经常需翻越高山峻岭，连续的上下坡路段普遍达数千米甚至数十千米以上，而且有些坡道很陡。车辆上坡时，需要用低速档长时间行驶；而下坡时，又需长时间使用制动，以控制车速，如图 5-68 所示。

图 5-67　丘陵地带公路地理特点

图 5-68　车辆通过长下坡路段的情况

(3) 险情多

在雨季，有的山区公路常被山洪冲毁，桥涵会被冲断，甚至发生塌方或者泥石流；有的山区经常有风化了的石块滚向路面。在冬季，有的山区有冰川、积雪。一旦发生险情，车辆要在便路、便桥上行驶，给行车增加了困难或危险。

(4) 气候多变

山区的气候因受地形、海拔及季节等因素的影响，使发动机燃烧不正常，动力下降；有些驾驶人一时不适应山区环境，给安全行车带来不利影响。有的地方山下骄阳似火，山中温暖如春，山顶则是寒冬冰雪；有的山区常处于云雾笼罩之中；有的山区阳面坚实干燥，阴面却湿滑泥泞；有的山区因气压低，水的沸点下降，冷却液容易沸腾。

2. 山区道路驾驶基本要求

1）加强出车前和途中的检查，特别是转向、制动、传动和车轮各部分的技术状况必须完好、可靠。根据需要携带三角木、防滑链、铁锹等，以备急需。

2）对道路情况要判断准确，处理及时、果断，注意观察交通标志，了解道路情况，提前采取措施。

3）行驶中要注意观察仪表，及时调节发动机温度，保证正常。

4）尽量在公路中间或靠山的一侧行驶，换档要及时，动作要迅速准确。操作转向盘要灵活、适度，不可过急。制动使用要适当并提前，随时做好停车准备；跟车行驶时应加大行车间距，防止撞车追尾。

5）下长坡时，尽量利用发动机的牵阻作用控制车速（大型货车有排气制动的要使用排气制动）。采用气压制动的车辆，不可经常连续使用点制动，以免气压不足使制动失效。若发现气压过低，应停车充气后再行驶。下陡坡和急弯处禁止空档滑行，严禁熄火滑行。

3. 山区道路驾驶的操作要领

（1）坡路行驶

1）通过短而不陡的坡。若路面较宽而且平坦，两侧又没有危险，可适当利用车辆的惯性冲坡。当车辆将要到达坡顶时，要减速鸣喇叭（夜间用断续灯光），示意和警告对面来车、行人，禁止超车，以免发生事故。图 5-69 所示为车辆到达坡顶前，进入视觉盲区的情况。

2）通过长坡。

①上长坡：虽然山区道路在地形上看是上坡，但中间总会有部分起伏地段或较平坦的地段。因此要正确判断坡度情况，不能单纯用低速档行驶，应根据坡度的大小选择合适的档位。能用高速档行驶的地段，应尽量用高速档，还应充分利用起伏的地形，发挥车辆的惯性，能冲车的路段提前冲车，以保持足够的动力上坡。

图 5-69　车辆到达坡顶前，进入视觉盲区的情况

用低速档时，行驶速度慢，时间长，要有耐心，加速踏板踩得不宜过深，以使发动机平稳工作，防止冷却液沸腾，或造成燃油系统气阻，一旦出现以上情况，应选择适当地点停车休息。必要时补充冷却液，待故障排除、温度降低后继续行驶。

②下长坡：下坡时，车辆重心前移，惯性力变成下坡的驱动力，行驶速度自行加快。坡越陡、越长，车越重，车速就越快，所以下长坡要尽量利用发动机制动控制车速。经常使用制动踏板，不仅会加剧制动蹄片与制动鼓的磨损，还会使车轮制动器内的温度升高，造成制动效能降低，严重时会使制动失灵；同时会造成制动气压急剧下降，影响车辆制动性能（大型货车有副散热器的要用水进行降温）。下坡的尽头如果有桥梁，应提前减速，使车辆平稳地以低速通过。

3）通过陡坡。

①上陡坡：要正确判断坡路情况，上坡前提早换入中速或低速档，以保证发动机有足够的动力，切不可等到惯性消失了再减档。在坡道上发动机熄火或换不进档导致后溜时，要沉着处理，迅速用制动（驻车制动）将车停住，然后重新起步。如果制动失灵或惯性太大，车辆难以停住，可转动转向盘将车靠向山体的一侧，使车尾抵在山上，利用天然障碍停车。

②下陡坡：利用发动机的牵阻作用和制动踏板控制车速，禁止踏下离合器踏板或放空档滑行，避免使用紧急制动。

（2）通过傍山险路

傍山险路弯多路窄，一边靠山，另一边临崖或傍河。行驶中要多鸣喇叭，尤其在弯道处，要时刻注意对面来车和路边的情况，尽量选择道路中间或靠山的一侧谨慎驾驶；傍山险路尽量不要超车，确实需要超车时，应选择在道路较宽，视线较好，没有弯道的路段快速超越，不得与被超车辆长距离并行，要做到万无一失。遇到来车，应主动选择较宽阔的安全地段会车，做到"宁停三分，不抢一秒"。如会车地点靠近崖边或河岸一侧，可先下车观察路基情况，在确保安全的情况下方可行驶。

（3）通过危险地段、便道及岩堆地区

1）在山区行车，经常会遇到只能勉强通过单车的危险地段或便道。通过这些危险地段前，应先下车察看道路情况，必要时加以修填，然后由他人指挥以低速通过。车上如有乘车人员，最好下车使车辆空车通过。

2）通过危险的陡坡，应事先对车辆进行技术检查，确认安全后，由副驾驶人（或其他乘员）拿三角木或石块下车同车并进，一旦车辆后溜，应立即塞住后轮。使用三角木时，人应站在车轮的外侧，以免发生意外。

3）岩堆地区是指由大小风化石松散堆积成山并经常发生坍塌的地区，这种路段最容易塌方。行车中，若发现前方路面有散乱的大小石块、泥石或沙石土堆时，应当看作是塌方的迹象，必须选择安全地带及早停车，细心观察，待查明原因后，确认安全可以通过时再一气加速通过，不得中途停车，以防发生危险。

（二）高原地区道路驾驶

我国有相当面积的高原地区，海拔均在 1000m 以上，如图 5-70 所示，高原地区道路曲折蜿蜒。高原地区行车对车辆和人员都会带来不同程度的不良影响，行车时应该注意以下几个问题。

1）高原地区由于海拔高，空气稀薄，气压降低，会使发动机动力不足，功率下降（海拔每升高 1000m，发动机功率降低 10%），燃油消耗增加。

2）高原地区由于气压低，使流过散热器的空气流量减少，易造成散热不良。同时冷却液沸点随海拔的升高而降低（海拔每升高 1000m，沸点降低 3.5℃），使散热性能变坏，

图 5-70 高原地区道路交通情况

冷却液容易沸腾，因此行车前必须加足冷却液，保持冷却系统畅通和散热器外部清洁，使其具有良好的散热性能，不得用拆去节温器的方法提高散热性能。

3）高原地区的公路线路长，停靠站少，应尽量白天通过，减少夜间行车，并根据需要配备常用易损件和防雨、防潮、严寒起动的预热设备，加足燃油、润滑油和冷却液等。

4）高原地区坡道长、弯道多，路面质量一般，车辆行驶阻力增大，发动机经常在大负荷下工作，这增加了发动机、传动系统、行驶系统、转向系统和制动系统中机件的磨损和损坏。为减少磨损，行驶时应尽量利用惯性冲坡。在上坡时提前减入低速档，并适当控制发动机转速，减轻发动机的磨损，避免温度急剧上升。途中应加强转向、传动、制动等部位的检查。

5）由于海拔高、缺氧，初到高原的人，因暂时不能适应高原气候，会有高原反应，容易感到疲劳，所以要减少活动，注意及时休息，避免快速运动。高原反应的主要特征是呼吸困难、头痛、头晕、胸闷、脑涨、食欲不振、失眠；严重时会出现恶心、呕吐，全身无力，甚至昏迷。轻微的反应只需作适当的休息，就会逐渐好转，严重时应及时吸氧。高原气候变化快，时冷时热，忽风忽雨，昼夜温差大，要预防生病，配备必要的药品，特别要注意预防感冒。

6）高原公路直线段多且长，公路边景物少，交通情况少，单调乏味，容易疲劳瞌睡，要注意适时休息。

7）通过少数民族居住区时，应尊重当地民族的风俗习惯，谨慎驾驶，确保行车安全。

七、夜间道路驾驶

夜间的行车条件和行车环境与白天相比差别很大，但有其自身的特点和规律。机动车驾驶人必须掌握夜间行车规律、特点，以保证工作任务的顺利完成。

（一）夜间道路的特点

1）无月光的夜晚，路面为深灰色，路外为黑色。

2）有月光的夜晚，路面为灰白色，有积水的地方为白色，路外为灰褐色。

3）雨天的夜晚，路面为灰黑色，坑洼或泥泞地为黑色，积水处为白色。

4）雪天的夜晚，车辙呈灰白色，但通过较多的车辆后变为灰黑色。

（二）夜间开灯行车的特点

1. 机动车驾驶人容易疲劳

夜间行车，驾驶人精力要集中，以看清楚前方道路的交通情况。长时间开车，眼睛紧盯着前方，非常容易疲劳。茫茫黑夜，旷野寂静，能看到的只有路面、障碍，道路两旁的美丽景物隐藏于黑暗中；听到的只有发动机的声音，单调乏味，时间稍长就会感到疲倦，哈欠连天，昏昏欲睡。特别是后半夜，经过长时间开车，驾车人精力下降，更容易入睡。黎明时分，天气还处在朦朦胧胧之中，人的意识还没有清醒；摩托车、赶早市的商贩穿插在道路交通之中，目标不容易被发现。此时应减速慢行，适时可以鸣喇叭提醒，避免发生事故。图5-71所示为黎明时分道路情况。

图5-71　黎明时分道路情况

2. 视野变窄、视距变短

夜间行车的最大特点是照明条件差，光线不好，视线不良，驾驶人只能看清被灯光照亮的景物，而汽车的远光灯照射的距离一般是

150m 左右，近光灯为 30m 左右，照射范围一般不超出路面，在此距离和范围以外的景物无法看清楚。因此，夜间行车时的视野变得十分狭窄，视线的距离大大缩短，难以发现来自两边暗处和较远处的交通情况（灯光照射范围以外），预见性处理情况的可能性较小，处理情况常会滞后，情况会突然加大，当发现情况时一般就在眼前，比较棘手。另外，晃眼的远光会造成观察力下降，特别是刺眼的强光，更会使人在几秒内看不见物体，如果此时车速是 60km/h，就等于闭眼行驶 100m 左右。

由此可见，夜间行车时照明条件不良，看不清或者看不见路面上的情况，是影响安全的主要因素。特别是黄昏时分，交通情况多，光线差，对情况容易产生错觉，造成判断失误，这个时间段是一天中事故的多发期。

3. 容易盲目开快车

夜间行车，特别是长途行车，对沿途（机动车、非机动车）道路交通情况了解较少，夜深以后，思想上容易麻痹而开快车。另外，夜色茫茫，单车行驶，没有参照物判断车速，在不知不觉中就会提高车速，越开越快。

（三）夜间行车要领

1. 行车前的准备

根据夜间行车特点，出车前驾驶人必须做好各方面的充分准备，做到有备无患，以防止或应付途中可能出现的意外情况。

（1）适当休息

出车前要适当休息，尤其是夜间长途行车前，必须保证充足的睡眠和充沛的精力，以减轻夜间行车时的疲劳程度。

（2）做好出车前的准备

夜间行车前，必须对全车的灯光、电气设备进行认真的检查、调整和必要的维护，使其保持良好的性能。观察各仪表情况、轮胎气压等，以保持正常。大型货车应检查货物捆绑、装载情况，还必须检查传动、转向、制动等影响行车安全的机件是否牢固可靠，若有故障或影响安全的因素，应及时排除，消除隐患，保证车辆具备良好的技术状况，有副散热器的应检查并补充冷却液。

（3）带好随车物品

夜间行车，尤其是执行长途任务，要携带必要的随车工具、铁锹、夜间工作灯或手电筒等夜间照明用具，以及易损的常用配件（驾驶人能够更换的配件）。

2. 夜间开灯驾驶

（1）对道路与地形的判断方法

1）行驶中，如果发现汽车灯光的照射距离在由远变近，表示汽车正在驶近上坡路段、急弯或将要到达起伏路的低谷地段；如果发现灯光的照射距离在由近变远，表示汽车正由弯道进入直线路线，或是下坡道已由陡坡进入缓弯。

2）行驶中，若感到车速自动减慢、发动机声音变得沉闷时，说明行驶阻力增大，汽车正在上坡行驶或进入难行路段。若感到车速自动增快、发动机声音变得轻松时，说明行驶阻力减小，汽车正在下坡行驶中。

3）当灯光由路中间移向路侧，表明前方将进入弯道。若灯光从路面的一侧移到另一侧，前方必定是出现了连续弯道。

4）若行驶中发现灯光离开了路面，应注意前方可能是急弯或大坑，也可能是上坡的车辆正驶上坡顶。

5）当前方出现黑影，驶近时又突然消失，表示路面上有小坑洼；若黑影不消失，表示路面有深洼大坑。

（2）开灯驾驶操作要领

1）灯光的使用。

①要遵守交通法规中的有关规定，并根据交通情况灵活使用。一般情况是：起步前应开示廓灯，起步时打开近光灯；途中临时停车应开示廓灯、尾灯或危险警告闪光灯。

②在平坦、宽直、视线良好的道路上行驶时使用远光灯。若路面不平或遇到交叉路口、转弯、窄桥等复杂道路情况，应使用近光灯，并减速慢行。

③通过交叉路口，应在距路口 30～100m 处将远光灯改用近光灯，并根据需要使用转向灯。

④夜间通过城市繁华街道（有路灯），由于霓虹灯和其他各种颜色光线的交错反射，以及夜间下雨通过柏油路时，其光线的反射很强，特别是在夜间雨中行车时，汽车的远光会受到雨点的散射，大大降低照明效能。遇到这些情况，应降低车速，改用近光灯，细心观察，谨慎驾驶。图 5-72 所示为霓虹灯和其他各种颜色光线的交错反射情况。

⑤在有路灯照明的路段上或车速在 30km/h 以下时，使用近光灯或示廓灯；在无路灯照明的路段上或车速在 30km/h 以上时，使用远光灯。

图 5-72　霓虹灯和其他各种颜色光线的交错反射情况

2）夜间会车。夜间交会车辆，应在距对面来车 150m 以外互闭远光灯，改用近光灯，同时降低车速，选择宽阔、平直的地段进行交会。当两车交会将要处于平齐（或相错而过）时，即可开启远光灯。在较窄的路面会车，当两车相距 50m 左右时，若近光灯仍使人感到眩目，则应以保证安全为主，降低车速或停车；如果路面情况不清，需观察远处的情况，可断续地开启近光或远光灯，但开启的时间不能太长（一闪即可），以免使对面车辆的驾驶人眩目。在窄路、窄桥上与非机动车交会，不准持续使用远光灯，以防骑车人眩目，交会时发生意外。图 5-73 所示为使用远光灯灯光炫目看不清路面的情况。

💡 **注意**：夜间会车一定要看清前方的道路和交通情况，情况不明时，切不可存侥幸心理，冒险高速行驶进行交会，必要时应及早停车，等来车通过后，开灯看清情况再继续行驶。遇到车队，与其交会时，最好停车让路。

3）车速、车距的控制。夜间要根据道路和交通的实际情况，选择合适的行驶速度。在平坦、宽阔、视线良好的道路上，使用远光灯时，车速可适当加快。遇有会车、路面不平、转弯、桥梁（窄桥）、窄路、交叉路口等复杂情况，应减速慢行，一般将车速控制在 40km/h 以下，并随时做好停车准备。

夜间行车速度过快，甚至高速行驶进行会车，是极其危险的。这是因为汽车灯光的照射距离是有限的（远光灯为 150m 左右），在这个距离以外的物体就无法看见，特别是在会车时，只能用近光灯，照射距离只有 30m 左右，所以，夜间驾驶车辆时，车速一定不能过快，以便能够在灯光有限的照射范围内及时发现情况，并在这个距离内安全减速停车。

图 5-73　使用远光灯灯光炫目看不清路面的情况

> ☀ 注意：谨慎而正确地选择行驶速度，是夜间安全行车的根本保证。夜间跟车行驶时，车距必须加大，通常应保持在 100m 以上，或者在同样条件下，是白天跟车距离的两倍以上；车速较快时，更应保持较大的纵向行车距离，以防前车突然减速或停车时，因距离太近，制动距离不够而发生危险。

4）超车。夜间驾驶车辆，应尽量避免超车。若必须超车，要选择平直、宽阔、视线良好的路段，并用断续灯光示意前车，等前车让路后再进行超越。发现对面有来车，只有在确认无会车可能，对超车确无影响时，方可进行超车。但应尽快完成超车，并要做好超车失败的思想准备，以防一旦无法完成超车而手足无措发生危险。

> ☀ 注意：如果道路前方有弯道、窄桥、窄路、交叉路口、陡坡等复杂道路，严禁超车。若对来车的车型、速度、距离等情况无法准确判断时，绝不能存侥幸心理，冒险超车。

（3）开灯驾驶注意事项

1）夜间长途驾车两小时会感到非常疲劳，要适时停车，稍作休息，以恢复精力。此外，夜间行车容易疲劳，尤其是在凌晨三四点钟时，最容易打瞌睡。切勿勉强驾车，应就地休息，等精力得到适当恢复后，再继续行车。

2）行驶中遇到复杂地段或道路状况不明等情况，不可冒险通过，应停车查明情况再走。需要倒车、掉头时，必须先下车看清周围地形，上下、左右有无障碍。进退过程中要多留余地，必要时应有其他人协助指挥进行操作。

3）夏季夜间行车，在通过村镇及郊区的路边、桥头附近，往往有乘凉或露宿之人，途经这些地点时，要特别谨慎小心；要关闭好车窗玻璃，以防止趋光的昆虫飞进驾驶室内，误伤眼睛。

4）黄昏时分，光线若明若暗，容易产生视觉误差，应打开示廓灯，以便被对方及早发现。会车时，若来车未及时关闭远光灯，应立即减速，同时用断续灯光示意对方，礼貌行车，以防发生事故，如图 5-74 所示。

5）行驶中若前照灯突然不亮，要沉着冷静，稳住转向盘，迅速减慢车速，同时可以打开雾灯，停车后查明原因；行车中还应注意观察仪表，倾听发动机、底盘有无异响，驾驶室内有无异味，若发现有异常情况，应立即停车检查，不能带故障行车。

图 5-74　黄昏时分车辆行驶的情况

6）夜间行驶或停车时，尽量避免驶入路边的草地或土质路基，要谨防暗沟、暗坑或因路基松软而发生陷车事故。在路边短时间停车时，应打开示廓灯和危险警告闪光灯；若停车时间较长，还应在车后 50~100m 的地方设置危险警告标志（专用标志或石块等），以防意外。

八、特殊道路及恶劣气象条件下的驾驶

（一）雨天道路驾驶

1）雨天行车，视线不良；路面溜滑，制动效能下降；车辆行驶时应加大车距，车速不宜过快，随时使用刮水器，保持良好的视线。

2）车辆通过刚下雨的乡镇街道时，应特别提高警惕，注意行人动态，勤鸣喇叭，减速通过；随时做好停车准备。

3）久雨未晴或大雨中行车，应尽量避开低洼积水路段，必要时应探明积水深浅，再用低速档缓慢通过；大水漫过路面处，应充分了解路面是否被冲坏，尽量跟随前车行进，不可盲目涉水。

4）注意盖好运载物资，防止受湿。

5）雨天道路容易塌陷，应注意路基、边坡情况，行驶中不要过于靠边。

（二）雾天道路驾驶

1）雾天行车应打开雾灯或示廓灯，勤鸣喇叭，以警告行人和车辆。

2）雾天视线不良，要降低车速，缓慢行驶，若能见度过低，视距减至 3m 以下，应靠边停车，并打开示廓灯、尾灯和危险警告闪光灯，待雾散后再行驶。

3）会车应开、闭灯光示意，听到对方车鸣喇叭，应鸣喇叭回应，以示礼貌，行驶中严禁超车，保证安全。

图 5-75 所示为雨、雾天道路湿滑、能见度低、视线不良交通情况。

a）雨天道路湿滑交通情况

b）雾天道路能见度低、视线不良情况

图 5-75　雨、雾天道路湿滑、能见度低、视线不良交通情况

（三）积雪道路驾驶

1）积雪覆盖的公路，在没有车辆通过时，道路真实情况不易辨别。行车时应根据地势和路旁树木、标志、电线杆等进行判断，适当控制车速，沿路中心或积雪较浅的地方缓慢行进。如积雪深至车桥，车辆难以通过时，应将积雪铲除后再行驶。通过转弯、坡路、河谷等地段时，应特别注意行驶路线，路况稍有可疑应立即停车，待勘察清楚后再继续行驶。有车辙的地段，应循车辙行驶，转向盘不得猛打猛回，以防偏出车辙打滑或下陷。积雪道路驾驶情况如图 5-76 所示。

a）有车辙的积雪路段情况

b）路旁有树木作为参考的情况

图 5-76　积雪道路驾驶情况

2）积雪路行驶阻力大，道路不易辨别，尽量不要超车，以免发生危险。会车应选择安全的地段。停车时，应提早换入低速档，降低车速，缓慢使用制动，以免发生侧滑。

3）冰雪路上停车时间过长，轮胎可能冻结于地面，致使起步困难，故停车时必须选择适当地点（向阳避风处），或在轮胎下垫以树枝、禾草等物。如已冻结，应挖开轮胎周围的冰雪和泥土，切勿强行起步，以防损坏轮胎和传动机件。

（四）结冰道路驾驶

1）在冰路上起步时，由于附着力大大减小，驱动轮容易发生空转、打滑或横滑。如果未装防滑链，起步时要少踏加速踏板，慢抬离合器踏板，以减小驱动轮扭力，适应较小的附着力，防止车轮滑转。如果起步困难，可在驱动轮下铺垫干草、炉渣、砂土等物，提高附着力，最好装上防滑链，以保证安全通过。

2）根据道路情况，选择适当的档位行驶。如在极光滑的冰路上，应用低速档缓慢通过；在不太光滑的冰路上，需要提高车速时，加速不可过猛，以防驱动轮突然加速而打滑。

3）转弯时要提前减速慢行，适当增大转弯半径，切不可急转转向盘，以免侧滑。跟随车辆行驶时，应拉大车距，防止发生相撞事故。

4）遇到情况或通过桥梁、窄路时，必须放松加速踏板，提前降低车速，利用发动机的牵阻作用，减速慢行，尽量避免使用制动减速，更不可用紧急制动。必要时，可适当使用驻车制动，以防侧滑。

（五）泥泞道路驾驶

1. 泥泞路对行车的影响

泥泞路常见于施工地段或雨后的低洼地区，由于路面软，泥浆黏稠，使车辆行驶阻力加大，附着力下降，车轮容易打滑或侧滑甩尾，制动效能变差，转向不易掌握，对行车安全具有很大影响。因而通过泥泞路段时，必须谨慎驾驶，避免中途停车。泥泞道路驾驶情况如图5-77所示。

a）通过泥泞路段泥浆飞溅情况

b）泥泞路段转弯车辆横滑情况

图5-77　泥泞道路驾驶情况

2. 通过方法及注意事项

1）正确选择行驶路线。选择路面平整，路基较坚硬，泥泞较浅的路线行驶；已有车辙的路面，应尽量循车辙行驶；要尽可能沿道路中间行驶，以保持左右轮高低一致，避开路面的积水，谨慎驾驶。

2）保持匀速通过。通过泥泞路段前，应换入所需档位，以使发动机保持足够动力匀速通过，踩加速踏板不能忽大忽小，车速不宜过高。避免中途换档，确需换档时，要动作敏捷，迅速准确。如遇中途停车起步时，应稳住加速踏板，缓缓轻抬离合器踏板，以防止驱动轮打滑。

3）操纵转向盘动作要平缓。在泥泞路上，应握稳转向盘，保持直线行驶，转弯时应适当降低车速，鸣喇叭，稍靠道路中间转弯，切不可过急转动转向盘，以免侧滑。

4）尽量避免使用制动踏板。在泥泞路上行驶，无论是在平路、下坡、直线或弯道，需要减速时，都应利用发动机牵阻作用来实现，必要时可辅以间歇性驻车制动，应尽量少用或不用制动踏板。

5）行驶中若车轮发生空转打滑，可将车辆设法立即后倒，退出打滑地段，另选路面通过。若后倒时仍然打滑，应铲去表面稀软的泥土再通过，或在打滑处铺垫碎石、砂土、干草或树枝。

（六）涉水道路驾驶

在雨季，无论是城市还是山区丘陵地带的道路，行车途中都可能遇到需要涉水的特殊路段，驾驶人必须了解涉水驾驶的特点，掌握车辆涉水的正确方法，安全顺利地通过涉水路段，如图 5-78 所示。

a）通过涉水路段水花飞溅情况

b）车辆通过涉水路段情况

图 5-78 涉水道路驾驶情况

1．通过河流

（1）涉水驾驶特点

涉水时，水的浮力会使车辆对河床的压力减小，车轮附着力也随之变小，驱动轮容易打滑；水流的作用会增加行驶阻力；横向的水流冲击，还会使车辆产生横向滑移；行驶在涉水路段，很难观察到水下情况，增加了驾驶操纵难度。因此，必须充分准备，谨慎驾驶，确保安全。

（2）涉水前的准备工作

1）了解有关情况。涉水前，要仔细探明水的深度、流速、流向和水底的情况（泥沙底还是石块底、有无障碍等），以及上、下岸的道路情况，并根据车辆的有关性能，确定能否通过。雨季涉水，还应了解当地汛情，以免在涉水时遭受洪水袭击。图 5-79 所示为车辆缓慢通过涉水路段情况。

2）正确选择涉水路线。通常应选择水浅、底硬、两岸坡缓、水流稳定、距离最短的地方涉水。若水流过急，行车方向应顺水流方向成斜线通过。水面较宽时，应树立标杆，指示行车方向和涉水界限。

图 5-79 车辆缓慢通过涉水路段情况

3）采取防护措施。不同车型涉水深度不同，当水深超过车辆最大涉水深度时，不得冒险涉水。涉水时，一般应采取以下防护措施。

①尽量拆下风扇传动带，将蓄电池位置升高。

②用防水布或塑料薄膜包扎分电器、高压线等，以防浸湿造成发动机熄火。

③用软胶管套在消声器上，向上弯起，将排气管出口引向上方。

（3）涉水驾驶操作要领

1）涉水时应使用低速档，使车辆平稳地驶入水中，避免水花溅入发动机。

2）行驶中应保持足够的动力和平稳的车速，避免中途换档、停车或过急转动转向盘。

3）行驶中若车轮发生空转打滑，应立即停车，不要勉强进退，更不可加速猛冲，以免越陷越深；也不要熄火，应立即组织人力或用其他车辆将车拖出。

4）遇车队行驶时，不可超越前车同时涉水，应待前车通过后，方可开始跟随涉水，或跟随前车后面通过。

5）当车轮打滑或陷住时，应保持发动机不熄火，并利用轴间差速器和轮间差速器的作用，驱使车辆向前行驶，也可利用绞盘进行自救和互救，使车辆脱离困境。

（4）涉水后的工作

涉水后应选择安全地点，停车检查，进行必要的恢复工作。

1）拆除防水包扎物，擦干被浸湿的电器部分。

2）检查曲轴箱等处有无进水，以及其他部分有无异常。

3）装复风扇传动带，将蓄电池复原。

4）起步后应用低速档行驶，并连续轻踏制动踏板，清除制动器内的残余水分后，再正常行驶。

2．通过漫水路

1）遇到漫水路时，可以跟随前车通过。在无车辆通行时，应首先停车，向当地人询问、了解水情。必要时应下水，步行探明水的流速和深度、水下路面的平整情况、道路是否被冲毁及损坏程度。探路时应使用必要工具，不得盲目涉水，以防止发生意外。

2）用低速档通过漫水路段，通过时要稳住加速踏板，保持足够的动力，按事先探明的路线前进，避免中途停车。由于路基长时间被水浸泡和冲击，靠下游一侧的路基及路面容易被冲毁、坍塌，因此行驶时应尽量沿水流上游的道路一侧行驶。

图 5-80 车辆快速通过涉水路段时水雾飞溅情况

图 5-80 所示为车辆快速通过涉水路段时水雾飞溅情况。

3）行驶时可将路边的树木作为道路走向的参照物，若无参照物或道路走向难以判定时，可在其他人员步行引导下，缓慢跟随前进。

4）通过后应适当使用制动，清除制动鼓和制动蹄片上的水分，以恢复制动效能。

5）若水漫过排气管出口时，应采取相应措施，防止排气管进水造成发动机熄火。

（七）大风天气道路驾驶

我国沿海地区经常遭遇台风袭击，而且往往是暴风夹带暴雨；西北地区特别是沙漠地区多见大风天气，造成黄沙弥漫，浮尘蔽日。在公路（高速公路）上行驶时遭遇这种气候条件，往往光线暗淡，狂风暴雨，飞沙走石，严重影响行车安全。因此，了解大风天气的特点和处置方法，是保证行车安全的必要手段之一。

1．大风天气的道路交通特点

（1）视线受阻

由于大风天气能见度降低，驾驶人视线受阻，道路交通情况难以判断，严重影响了车辆通行能力。

（2）稳定性能差

狂风大作时，由于受到风力的影响，容易造成车辆飘忽不定，偏离正常的行驶路线，难以控制；同时车辆的负载大幅增加，使车辆失去了平衡，影响了行驶的稳定性。

（3）制动性能差

由于车辆失去了原来的平衡，造成车辆附着力降低，加之雨水或沙粒的影响，致使车辆的制动距离延长、制动性能变差。

（4）行人本能的影响

大风、暴雨会使行人慌忙行走，而忽略了车辆的存在，甚至为了顾及自己的物品回头去捡拾或追赶。行人的表现无法预测，所以极易发生事故。

2．大风天气行车处置方法

（1）选好停车位置

遭遇台风或沙尘暴等强烈天气时，驾驶人应选择安全地点停车，并打开危险警告闪光灯，尽可能使车辆背对风沙，切记不要横对风向。

（2）降低车速

驾驶人应果断降低车辆行驶速度，能见度低时要与其他车辆保持足够的安全距离，随时准备停车；同时提防行人（骑车人）。

（3）控制转向

大风天气行经立交桥（高架桥）、跨海大桥、隧道出口、高速公路时，应掌握好转向盘，把握车辆的行驶方向，防止发生危险。

（4）采取有效措施

行车中遇到台风袭击或遭遇大风、沙尘暴天气，要沉着冷静，采取措施应果断有效。及时打开前照灯、示廓灯、后位灯和危险警告闪光灯，以提醒其他车辆注意，防止事故发生。

（八）沙漠条件下道路驾驶

1．行车特点

1）沙漠地区风沙大、能见度低，飞沙走石，遮日蔽光，给观察道路和交通情况带来很大困难，严重影响行车安全。图 5-81 所示为茫茫沙漠地貌情况。

2）沙漠地区降雨量少，气候干燥，行车中冷却液、电解液蒸发快，补充较困难。

3）昼夜温差悬殊，防护难度大。白天气温高，发动机容易过热，汽油易挥发；夜晚温度低，发动机起动困难。

图 5-81　茫茫沙漠地貌情况

2．操作要领

沙漠行车，地面的行驶阻力大，车轮容易打滑，行驶中应按正确的动作要领进行操作。

1）行进中尽量保持直线行驶，紧紧握稳转向盘。踩加速踏板要平稳，以匀速行进为宜。需转弯时，转弯半径要尽量大些，以防止因前轮转向阻力增大而陷车。如图 5-82、图 5-83 所示。

图 5-82　车辆通过沙带顶部飞沙弥漫情况

图 5-83　在沙漠中转弯时转弯半径要
尽量大，防止陷车情况

2）行驶时应尽量减少换档，确需换档时，动作要迅速、准确。

3）沙层较厚时，尽量循车辙行进。通过大面积表面有"硬皮"的沙漠地段时，各车应自选路线，不应循车辙行进，以防表层被压坏，越压越深造成陷车。

4）通过很厚的沙层时，应先铺垫树枝、木板或石块等，然后通过。

5）行驶中如遇驱动轮打滑时．应立即停车，排除车轮周围积沙，再挂档前进。

（九）戈壁条件下道路驾驶

1．行车特点

戈壁滩表层由颗粒细碎的砂石组成，结构松软，砂粒之间黏结力极小，受压时易变形，增大了车辆行驶的滚动阻力，图 5-84 所示为戈壁滩道路交通情况。

2．操作要领

1）行车前，要准备木板、千斤顶、麻绳和足够的冷却液等物品，冬季需准备保温用具。

2）仔细查看道路结构情况，确定通过的路线和方法；起步应一次成功，尽量保持直线中速或低速行驶，加速踏板运用要得当，避免急加速；握稳转向盘，避免急转弯、猛打转向盘，转向半径要大，防止前轮受阻而造成驱动轮空转，致使车辆下陷。

3）行驶中要运用好档位，尽量减少变换档位；换档时，动作要迅速，以保证车辆有足够的惯性，防止因换档迟缓而造成停车。图 5-85 所示为车辆在戈壁滩搓板道路上飞驰的情况。

图 5-84　戈壁滩道路交通情况　　　　图 5-85　车辆在戈壁滩搓板道路上飞驰的情况

4）戈壁滩气候多变，昼夜温差大，车辆应尽量加注防冻液，防止冻坏散热器和发动机、无法加注冷却水，带来不必要的危险。

5）遇到暴风时，应立即停车躲避，防止车辆被吹翻或砂石击碎玻璃，造成人员受伤、车辆受损；风沙过后，检查、恢复车辆，清理车辆周围障碍，再次行进。

3. 行车中注意事项

1）在沙漠和戈壁条件下行车，应加强车辆的清洁维护工作，尤其要经常维护空气滤清器、机油滤清器和汽油滤清器。

2）夏季行车要注意发动机温度，白天防止发动机过热，夜间还要采取保温措施。

3）注意预防暴风、横风的危害，装载时货物不宜过高，篷布要捆绑牢固，遇到狂风时，应立即躲避，选位停车。

4）出车前要带足用水和应急物品，携带垫木、绳索等。

（十）炎热条件下道路驾驶

1. 炎热条件对车辆性能的影响

1）发动机功率下降。由于气温高，空气密度小，发动机进气流量降低，燃烧不完全，造成功率下降。

2）机件磨损加快由于发动机容易过热，气缸内产生爆燃，加剧发动机温度升高，润滑油黏度下降或变质，造成润滑不良。如果机件密封不良，容易渗油、甩油、漏油等。

2. 注意事项

1）随时注意冷却液温度表指数，冷却温度不要超过 95℃，如温度过高要选择阴凉处停车降温，掀开发动机盖通风散热，检查冷却液液位和风扇传动带张力，防止发动机过热。

如出现冷却液沸腾（"开锅"），不可立即熄火或急于添加冷却液，应以怠速运转，待温度稍下降后再熄火加液，以防活塞粘缸或发动机炸裂。

2）发现轮胎气压过高，应选择阴凉处休息，使胎温自然下降，恢复正常后再行驶。切勿用放气或泼冷水的方法降温降压，以免缩短轮胎寿命。

3）液压制动的车辆因皮碗受热膨胀，制动液会汽化，造成制动效能降低，导致制动失灵，引起事故。因此在高温条件下行驶时，必须适当加大车距，提前制动。

4）经常检查蓄电池的液面高度，并及时添加蒸馏水；液压制动的车辆则应检查总泵的液面高度，并按规定加足。

5）炎热季节行车容易疲劳，行车前必须注意休息，尽量保持充足睡眠，使精力充沛。没有装空调的车辆驾驶室温度较高，容易引起中暑，须带清凉饮料和防止中暑的药品。行驶途中感到精神倦怠、昏沉欲睡时，应停车休息，待精神振作后再继续行车。

（十一）严寒地区道路驾驶

1．严寒低温条件下的起动

由于气温低，水易结冰，润滑油的黏度增大、燃油混合气雾化差，使发动机起动困难，起动前应使用预热装置进行预热。常用的方法有：

1）用烤炉在油底壳底烘烤加热。加热前应检查有无汽油滴漏的地方，以免发生火灾。加热时应有人看管，火焰不宜过高，待机油受热发出响声再起动。初次起动使用起动机时间不要过长，起动后低速升温至40℃。

2）用热水预热。向冷却系统加注热水，待发动机缸体温度上升到50℃，气缸盖上有热度时，即可起动。如果气温太低，可再次或多次调换热水，有条件时也可用蒸气预热。

2．严寒中行驶注意事项

1）驾驶室内外温差大，风窗玻璃容易结霜，影响视线，若无采暖装置可适当摇下车窗玻璃，防止结霜。在异常耀眼的冰雪路面上行驶时，可戴有色眼镜，保护眼睛，防止眩目。

2）停车应选择干燥、朝阳、避风的地点，放下保温套门帘，以防止发动机温度下降过快。

3）防止冻坏发动机。方法有两种：一是使用高寒地区 –45~–35℃ 的防冻液，在换季维护时，向冷却系统加注防冻液（加至容量的95%）；二是注意防冻液的使用期限，及时更换防冻液防止意外。

九、高速公路驾驶

高速公路是一个国家交通现代化水平的重要标志之一，它不仅在交通运输中起着十分重要的作用，还是我国经济发展的交通命脉。现阶段高速公路发展迅猛，提高了道路通行能力，但高速公路上的事故相当频繁。在高速公路上行车，对机动车驾驶人的心理素质和驾驶技术提出了更高的要求，机动车驾驶人必须掌握高速公路的行车特点、规律，掌握正确的驾驶操作方法，对确保行车安全是非常重要的。

（一）高速公路的特征和交通特点

高速公路是指为直达、快速运输服务的机动车专用公路，与普通公路相比，有以下特征和交通特点。

1．高速公路特征

为了保证汽车的快速、安全运行，高速公路具有以下基本特征：

1）采取全封闭管理。道路两侧用铁丝网和隔离栏等设施将公路封闭起来，并在出入口进行控制，严禁人、畜、非机动车和设计速度较低的车辆进入高速公路。

2）采用全立交，设有中央隔离带，每侧至少有两个以上车道，车辆分向、分道行驶，互不干扰，提高了通行能力，减少运行事故，保证直达运输畅通无阻。

3）沿途设有综合服务设施、安全监控及通信设施等，以保证汽车行驶安全、便捷、畅通。

2．高速公路的交通特点

（1）汽车行驶速度快

由于高速公路上无平面交叉路口，汽车各行其道，互不干扰，汽车可以快速行驶。另外，高速公路的设计速度一般为 100 ~ 120km/h，甚至更高，在线形设计上也保证了汽车可以安全而快速地运行，使汽车的高速性能得以充分发挥。

（2）交通流量密度大

高速公路上汽车的交通流量比普通公路大得多，随着汽车运力的增加，车辆行驶的密度也不断增大。一般有隔离带的四车道路面，车辆的日通行量为可达 5 万辆。我国高速公路现在有六车道、八车道的，其日通行量高达 10 万辆。

（3）设计合理行车舒适

由于路面及线形设计科学、合理，平纵面曲线协调完美，交叉形式、视觉效果良好，安全管理、服务设施完善，汽车运行条件十分优越，因此在高速公路上行车比一般公路舒适、安全，交通事故也较少，事故发生率和死亡率分别为普通公路的 1/3 和 1/2 左右。

（4）交通事故性质严重

高速公路的事故率虽然较一般公路少，但是一旦发生交通事故所造成的损失却比一般公路大，后果比较严重，甚至会有数辆汽车追尾相撞的惨重事故。另外，因车速很高，车辆冲撞、碰刷中央隔离带或防护栏后，会造成翻车也会导致乘员伤亡。因此高速公路的行车安全不可忽视，必须引起驾驶人的高度重视。

（二）高速公路驾驶要领和注意事项

1．进、出高速公路

车辆进、出高速公路，要遵守高速公路管理规定，不得妨碍其他车辆的正常行驶，如图 5-86、图 5-87 所示。

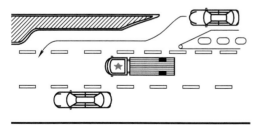
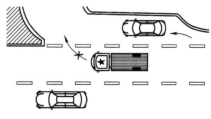

图 5-86　高速公路入口示意图　　　　　　图 5-87　高速公路出口示意图

(1) 进入高速公路

在距离高速公路入口 1000m 和 500m 处分别设有预告标志，进入高速公路时，所有车辆应按顺序领卡通行，安装 ETC 的要走 ETC 专用通道进入高速公路。

从支线进入高速公路，首先要看清高速公路上的交通情况，并正确估计高速公路上车辆的行驶速度。及时打开左转向灯，在不妨碍已在高速公路内的车辆正常行驶的情况下驶入车道，如图 5-86 所示。

(2) 驶离高速公路

通常在距离高速公路出口 1000m 和 500m 处分别设有高速公路出口预告标志，看到标志后，应做好减速准备；接近高速公路出口时，应提前打开右转向灯，根据情况踩制动减速，中途驶离高速公路，进入减速车道，应使车辆逐渐减速到规定的车速后进入匝道，安全通往出口，如图 5-87 所示。

不得在行车道上使用紧急制动，或由行车道突然猛拐进入出口匝道。如错过出口，须继续行驶至下一出口，方可离去。

严禁在高速公路上停车、倒车或掉头逆行返回已错过的出口。

2. 行车道的选择

目前我国的高速公路，多数每侧只设两条车道，右（外）侧为行车道，左（内）侧为超车道。车辆正常行驶应在右（外）侧的行车道上行驶，需要超车时，可进入左（内）侧的超车道进行超车，但超车完成后，应回到行车道行驶。

有的高速公路设有三车道、四车道。有的地段是五车道。按行驶方向分，最右侧的为大型车道，最左侧为小型车超车道，中间车道为小型车行车道。大型车辆超车时可进入小型车道行驶，完成超车任务后，应及时返回大型车道。

正常行驶的车辆不得骑压分道线，不允许进入路肩。

3. 车距、车速的控制

高速公路在设计上保证了车辆可以安全、快速地运行，但并不意味着所有的车辆都必须以最快的速度行驶。追尾事故在高速公路上十分常见，主要原因是行车速度、跟车距离不合适。行车时，一定要与前车保持足够的安全距离，以保证在遇到紧急情况时能及时停车而不会撞上前车。

根据经验，在高速公路行驶时，有多快的车速，就应保持不低于相应车速数值的车间距（或者用"三秒"法则)，如以 100km/h 的速度行驶时，与前车之间的距离至少应在 100m 以上，可以通过公路边的距离校正标志来判断。

以极限速度行驶，会对车辆造成极大的机械磨损，增加燃油消耗，减少车辆的使用寿命。特别是小型车，还会因超出道路设计所能达到的行驶速度而造成翻车（通过弯道时）或出现其他危险。但在高速公路上行驶时车速也不能过低，以免影响了其他车辆的正常行驶而发生事故。通常，行驶速度应控制在 80～100km/h 的范围，并且以本车道最高（设计）车速的80% 行驶为好。大型车辆高速公路限速 100km/h，不同地区应根据高速公路速度标志通行。

4. 超车

在高速公路上行驶的车辆，速度都很快，若要完成超车，就必须以更快的速度行驶，因此，超车时车辆处于超高速行驶状态。在这种情况下，车辆的稳定性会明显下降，同时还要转动转向盘（两）次变换换道，稍有失误就会发生危险，必须小心谨慎地实施超车。

需要超车时，先通过车内或车外的后视镜观察后方（超车道上）有无车辆超越，同时看清前方道路和交通情况。确认安全后，打开左转向灯，慢慢向左转动转向盘，使车辆逐渐进入超车道行驶超越前车。超过后，应继续行驶至与被超车保持一定的安全距离（50m 以上）后，打开右转向灯，逐渐向右转动转向盘，进入行车道后，及时关闭转向灯。

超车时转向不可过急，更不能使用紧急制动，尽量一次完成超越；<u>严禁盲目超车，严禁在路肩或紧急停车带超车。</u>

5. 高速公路行车注意事项

1）高速公路上车辆多，车速快，必须自觉遵守高速公路行车的有关规定，保证安全。

2）注意观察沿途的各种交通标志和标线，及时了解道路情况、出入口、服务设施等交通信息。

3）车上乘员都要系好安全带，严禁驾驶人和随车人员向外抛洒物品；严禁在紧急停车带休息。

4）正确使用转向灯。行驶中变换车道或进出高速公路，都必须提前打开转向灯，确认安全后再变换车道。严禁未开转向灯变换车道，并注意及时关闭转向灯。

5）行车前注意休息，保持充沛的精力，防止驾驶疲劳；行车中要适时调整姿势，以正确而放松的姿势进行操作。行车时车速快，视点远，精力过于集中；路面线形缺少变化，道路两侧无景物等也容易引起驾驶疲劳，甚至打瞌睡。因此，要看远顾近，避免紧盯一点，感觉疲劳时，要进入服务区休息，不可勉强行车，以防发生事故。

6）夜间行车，照明条件差，最容易产生麻痹大意的思想，引起感知能力下降；单调的路面会产生催眠作用，因此，要严格控制车速，不要跟随前车过近，保证夜间行车安全。

7）遵守停车规定，不准在高速公路上随意停车，严禁任意停车上、下客和装卸货物。行车道、超车道、匝道、加速和减速车道上严禁停放车辆。由于故障或其他特殊原因必须停车时，应在紧急停车带或右侧的路肩上停放，并在车前后 100m 左右处设置明显标记，打开危险警告闪光灯。

（三）通过高速公路立交桥

高速公路立交桥的作用是使两条相交道路的交通流在空间上分开，互不干扰，以减少或避免车辆在平面交叉路口的冲突，从而保证道路畅通。

1. 立交桥的组成

高速公路立交桥与公路立交桥基本相同，互通式立交桥的上下道路互相连通，如图 5-88 所示。

2. 通过方法

通过立交桥必须注意各种标志，并严格按照标志所指的方向行驶。

图 5-88 高速公路立交桥与收费站相连通的设计情况

1）直行车辆：在原行驶方向的主干道上直行通过。

2）右转弯车辆：应开启右转向灯，在接近立交桥的第一个路口向右转。

3）左转弯车辆：转弯时不能直接向左转弯，在过桥后的第一个路口，开启右转向灯，向右转弯行进，经过匝道后进入主干道。

4）掉头车辆：只有选择最近的出口，驶离高速公路后，再从高速公路入口处进入高速公路。

（四）进出服务区

高速公路服务区是提供机动车驾驶人、乘客中途休息、餐饮以及补充燃油和检修车辆的场所。

进入服务区前，通常在 1000m 和 500m 处设有服务区预告标志，看到标志后，降低车速，开启右转向灯，变更车道，进入服务区匝道，车速不超过 40km/h，选择合适的停车区域。服从管理区人员的指挥，遵守服务区的有关规定。

驶离服务区，应按照出口标志行驶，在匝道上进入高速公路前，及时打开左转向灯；正确估计车流的行驶速度，靠右逐渐加速；在不妨碍高速公路内的车辆正常运行的情况下，进入行车道，控制车速，谨慎驾驶。

十、紧急情况避险常识

（一）在一般道路上行驶时的紧急避险常识

1．紧急情况处置原则

遇到紧急情况时，驾驶人应遵循沉着冷静、先人后物、避重就轻、先人后己、先方向制动后其他的原则。

2．紧急情况的处置方法

处置方法是否得当，关系到生命与财产的危害程度，所以应视情况灵活处置，使危害降到最小。

（1）车辆转向机构失灵

车辆在行驶中遇到转向失灵，切莫惊慌失措，正确的处置方法是使用间歇制动（一踩一松），带 ABS 的车辆可以轻踩制动，使车辆缓慢停下来。拉起放下、拉起放下驻车制动操纵手柄同样可以使车辆停下来。转向失灵时，不可踩下离合器踏板或者利用空挡滑行。切记突然猛踩制动踏板，以免使车辆侧滑或侧翻。

（2）制动突然失灵

车辆在行驶中实施制动时制动无效、失灵，此时要沉着冷静。操作方法：握紧转向盘，使车辆尽量保持原来路线前进，瞬间抢挂低档，间歇拉起驻车制动操纵手柄，将车辆靠右选择好停车地点停车，检查、修复。

（3）车辆行驶中爆胎

车辆在行驶中突然发生爆胎现象，情况很难预料。如果是后面轮胎突然爆胎，车辆会出现行驶状态不稳定的现象，如果后面是单胎，情况会更严重。

如果是前轮突然爆胎，就会产生一股强大的倾斜力，使车辆的行驶方向朝着爆胎的一侧冲击，使车辆失去控制发生危险，甚至翻车。

遇到这种情况时，应迅速抬起加速踏板，全力控制转向盘，尽量使车辆的行驶方向不要进入更危险的境界，轻踩制动踏板或用驻车制动操纵手柄使车辆减速停车。

切记：不要使用紧急制动，或乱打方向使车辆造成重大损失。

（4）车辆落入水中

车辆不慎落入水中，应尽早弃车逃生。如来不及，在车辆下沉时不要打开车门和车窗玻璃。应深呼吸几次，做好憋气潜水的准备，等待河水将驾驶室灌满。当驾驶室内水位将要淹没头顶时，再深吸一口气，摇下车窗玻璃或破窗或推开车门迅速潜水逃生。

（5）车辆行驶中起火

行驶中起火的情况在汽油车中比较多见，一般是由于电路系统短路而起火，还有的是撞车、翻车过程中燃油被明火点燃造成的。正常行驶中车辆起火，首先关闭电源总开关（关闭点火开关），利用灭火器材灭火；如果是发生事故引起的火灾，应先抢救伤员，并采取有效的灭火措施。

（6）发动机盖突然掀起

车辆在行驶中发动机盖突然掀起，瞬间使驾驶人视线被挡住形成盲区，造成驾驶人心理非常紧张。此时应握紧转向盘，保持车辆按原来的行驶方向前进，迅速实施制动使车辆减速停车，但不要采取紧急制动以防止追尾事故发生。如果车上有其他乘员，在观察车辆右侧无情况时，协助将车辆靠路边停放。

（7）发动机熄火

车辆在行驶中，发动机突然停止工作，车辆失去动力，会造成转向沉重、制动失效等情况，极易导致车辆停止前进或与其他车辆发生碰撞，造成事故。

1）重新起动。连续踩踏加速踏板，转动点火钥匙，迅速起动发动机；起动成功后，不要贸然行进，要靠边停车检查，排除故障隐患；如起动不成功，应立即打开危险警告闪光灯，利用车辆的惯性尽量靠边停车，在车后50~100m处设置危险警告标志，防止发生事故。

2）预防措施。行驶中一旦发生发动机熄火，要沉着冷静，果断控制车辆的行驶方向；同时实施制动，如果行车制动不能够将车停下来，可以用驻车制动将车停下来；如果驻车制动也无效，可以采用抢挂低速档的方法，使车辆速度降下来，并利用路边障碍物将车停下来。

在凹凸不平路段或上下陡坡时，要降低车速，及时换入低速档，并合理利用档位，控制车辆的行车速度，防止因发动机动力不足而熄火。制动运用要合理，避免紧急制动，防止制动与离合器配合不当而熄火，造成事故发生。

（8）偏离行车路线

突然有车辆迎面开来，侵占了己车的车道，迫使己车不得已向右偏出车道。此时，要减速、靠右让道。要轻踩制动踏板，注意不要猛踩制动踏板使车辆停止前进，向右适度转向，

握紧转向盘，控制好车辆，不要试图马上回到原车道；会车后，稍稍向左转动转向盘。如果车辆停驶，应重新起步，再驶回原来的车道。

(9) 正面相撞

正常行驶时，突然有车辆或预想不到的障碍物出现在面前，似乎相撞已不可避免时的处置方法：

1) 严禁向左转动转向盘，必须始终踩住制动踏板并向右转动转向盘，使碰撞接触面积最小，如有方法，应该立即开出车道，宁愿冒翻车的危险，也不要向左转动转向盘。

2) 如果无法躲避，应紧急制动，使车辆瞬间停驶，降低撞击力。

(10) 车辆打滑

行驶中出现打滑时，首先必须减速行驶。如果车辆是排成队行驶的，要学着前面车辆后轮的摆动方向转动转向盘，一旦车辆开始向右摆动就可以加速，并把转向盘向相反方向转动。这样就可以避免车辆再次向相反方向转动。一旦车辆不再打滑，就要缓慢地踩制动踏板，使车辆平衡行驶。

(二) 高速公路行驶中的紧急避险常识

1. 行驶中发生故障

车辆在高速公路上行驶，一旦发生故障，应立即打开右转向灯，稍向右转动转向盘，进入紧急停车带或路肩，同时松开加速踏板，使车辆逐渐减速并停车。不得在行车道上使用制动减速，严禁使用紧急制动，以免影响其他车辆的行驶安全。严禁边滑行边找故障，或将车停在行车道上排除故障。停车排除故障时，应打开危险警告闪光灯。

短时间内能够排除的故障，应立即予以排除，排除后不得继续停留。重新起步时，打开左转向灯，在路肩上提高车速，待车速与车流速度相适应后，看清车流情况，适时进入行车道。故障严重无法离开行车道时，应沉着冷静，先打开危险警告闪光灯或示廓灯，看清后方，若无尾随车辆，逐渐放松加速踏板，缓慢使用制动，使车辆停下。停车后，应及时将乘员撤离至路边，并在车后的 100 ~150m 处设立危险警告标志或其他易发现的物品，夜间须打开示廓灯和尾灯。用紧急报警电话或其他方法通知高速公路管理部门处理。

2. 遇到恶劣天气

遇雾、雪、大风等恶劣天气时，高速公路通常会被关闭，严禁驶入。若在行驶中遇到恶劣天气，要立即减慢车速，打开示廓灯、危险警告闪光灯或雾灯，严禁为赶路而继续盲目高速行驶。如果能见度低，路面打滑，高速行车是十分危险的；车速过快看不清道路情况、来不及制动，过慢则有可能被撞。此时，应尽量进入服务区停车休息，待天气有所好转后再继续行驶。

3. 轮胎爆破

长时间高速行驶，会造成轮胎温度和气压升高，严重时还会导致轮胎突然爆破。若后轮爆破，车身会向爆破一侧倾斜，此时不可盲目转动转向盘，应按正常的停车方法将车辆驶上路肩停下，然后尽快更换轮胎驶离危险区。

若前轮爆破，会影响驾驶人对转向的控制，十分危险，此时应握紧转向盘，立即打开危险警告闪光灯，尽量慢慢向右靠，进入路肩后即可停车。不可使用制动，以免被后车追尾相撞，发生侧滑，增加控制转向的难度。

☀ **注意**：轮胎爆破的瞬间，转向会偏向爆胎一侧，应适当地向另一侧转动转向盘，防止跑偏，但不能回转过多，以防车辆出现蛇行而失去控制，甚至与其他车辆或防护栏相撞。

4．发生事故后的处置

在高速公路上发生事故后，应做好以下工作：

（1）防止连续事故的发生

发生事故后，事故车若在行车道上，要防止后方来车因不能提前发现来不及停车而撞上事故车。因此要在离事故地点的后方（来车方向）150m以外的位置设明显警告标志，以警告来车，防止连续事故的发生。

（2）抢救伤员及时报告情况

将伤员和其他乘员撤离至路边，尽快组织抢救，拨打事故报警电话，同时要及时向保险公司报告事故地点、状况和伤员情况。在救护车未到前，可让后面的车送危险伤员去医院。

（3）保护现场

抢救过程中应正确实施救护，并注意保护事故现场，避免现场遭到破坏，以利于事故的分析和处理。

（三）其他意外事件

车辆在公路上处于高速行驶状态，会发生很多意想不到的事情。如：操纵部分的机件突然失灵；发动机内或底盘部分突然出现异响、异味；货物突然松散坠落等。遇到这些突发的意外事件时，首先要冷静，不能惊慌失措，应打开右转向灯或危险警告闪光灯，看清后方有无紧跟的车辆，以及前方的路面情况（有无弯道），根据情况放松加速踏板，慢慢向右转动转向盘，驶上路肩（必要时，让其他乘员在车上帮助观察）；踩下制动踏板减速停车，停车后再进行处置。对无法自行处置的情况，要尽快通知高速公路管理部门处理。

（四）机动车驾驶人应该知道的三件事

在发生交通事故后，驾驶人应立即做三件事：

1）首先保护现场，并立即向公安、交通管理部门报案，内容包括出事地点、时间，有无人员伤亡，事故大致经过等；若未造成伤亡且财务损失在一定金额以下者，依道路交通管理处罚条例来处理。

2）若有人受伤，应尽快将伤者送医急救。若为死亡车祸，不得任意移动死者身体，须待勘验后再行处置。若涉及其余车辆，应立即记下该车的车牌号码、厂牌，并询问对方联络电话、该车的保险公司及保险内容。对肇事逃逸者，应记下该车的车牌号码、厂牌、颜色，并迅速拨打122或110通知警方处理。

3）随后应向保险公司报案。接下来在五日内携带保险卡、身份证、驾驶证、被保险人印章（或失窃证明单、交通案件代保管物临时收据），尽快至保险公司填写有关文件申请理赔。在填写"出险证明"时，除要写明公安或有关部门对事故责任的认定及调解结果，附上

"损失清单"和各种有关费用单据外，还要将车辆损坏的部位和零部件都列明。同时描绘出事现场方向图，包括车辆制动后位置以及周围的环境等。报告单填好以后，连同交通部门的事故裁决书等证明文件和有关费用单据交给保险公司。保险公司应当在 10 天内作出一次赔偿结案。

（五）发生道路交通事故后的处理基本原则

1）停车。

2）查看、处理。

①可以移动快速处理撤离现场。

a．机动车之间发生无人员伤亡，仅造成财产损失 2000 元以下的。

b．仅造成车辆左右侧围、发动机盖、前后保险杠、车灯、门窗、后视镜等部件损坏。

②不能快速处理。

a．救人。

b．打电话。（报警电话、保险公司客服电话）。

c．排除险情、保护现场。

d．警察来后处理现场：勘查现场、调查情况、检验鉴定、处理事故、制作交通事故认定书、调解。

附录 道路交通安全违法行为记分分值

记分分值	交通违法行为记分项目
一次记 12 分	饮酒后驾驶机动车的
	造成致人轻伤以上或者死亡的交通事故后逃逸，尚不构成犯罪的
	使用伪造、变造的机动车号牌、行驶证、驾驶证、校车标牌或者使用其他机动车号牌、行驶证的
	驾驶校车、公路客运汽车、旅游客运汽车载人超过核定人数 20% 以上，或者驾驶其他载客汽车载人超过核定人数 100% 以上的
	驾驶校车、中型以上载客载货汽车、危险物品运输车辆在高速公路、城市快速路上行驶超过规定时速 20% 以上，或者驾驶其他机动车在高速公路、城市快速路上行驶超过规定时速 50% 以上的
	驾驶机动车在高速公路、城市快速路上倒车、逆行、穿越中央分隔带掉头的
	代替实际机动车驾驶人接受交通违法行为处罚和记分牟取经济利益的
一次记 9 分	驾驶 7 座以上载客汽车载人超过核定人数 50% 以上未达到 100% 的
	驾驶校车、中型以上载客载货汽车、危险物品运输车辆在高速公路、城市快速路以外的道路上行驶超过规定时速 50% 以上的
	驾驶机动车在高速公路或者城市快速路上违法停车的
	驾驶未悬挂机动车号牌或者故意遮挡、污损机动车号牌的机动车上道路行驶的
	驾驶与准驾车型不符的机动车的
	未取得校车驾驶资格驾驶校车的
	连续驾驶中型以上载客汽车、危险物品运输车辆超过 4 小时未停车休息或者停车休息时间少于 20 分钟的
一次记 6 分	驾驶校车、公路客运汽车、旅游客运汽车载人超过核定人数未达到 20%，或者驾驶 7 座以上载客汽车载人超过核定人数 20% 以上未达到 50%，或者驾驶其他载客汽车载人超过核定人数 50% 以上未达到 100% 的
	驾驶校车、中型以上载客载货汽车、危险物品运输车辆在高速公路、城市快速路上行驶超过规定时速未达到 20%，或者在高速公路、城市快速路以外的道路上行驶超过规定时速 20% 以上未达到 50% 的
	驾驶校车、中型以上载客载货汽车、危险物品运输车辆以外的机动车在高速公路、城市快速路上行驶超过规定时速 20% 以上未达到 50%，或者在高速公路、城市快速路以外的道路上行驶超过规定时速 50% 以上的
	驾驶载货汽车载物超过最大允许总质量 50% 以上的
	驾驶机动车载运爆炸物品、易燃易爆化学物品以及剧毒、放射性等危险物品，未按指定的时间、路线、速度行驶或者未悬挂警示标志并采取必要的安全措施的
	驾驶机动车运载超限的不可解体的物品，未按指定的时间、路线、速度行驶或者未悬挂警示标志的
	驾驶机动车运输危险化学品，未经批准进入危险化学品运输车辆限制通行的区域的
	驾驶机动车不按交通信号灯指示通行的
	机动车驾驶证被暂扣或者扣留期间驾驶机动车的
	造成致人轻微伤或者财产损失的交通事故后逃逸，尚不构成犯罪的
	驾驶机动车在高速公路或者城市快速路上违法占用应急车道行驶的

（续）

记分分值	交通违法行为记分项目
一次记3分	驾驶校车、公路客运汽车、旅游客运汽车、7座以上载客汽车以外的其他载客汽车载人超过核定人数20%以上未达到50%的
	驾驶校车、中型以上载客载货汽车、危险物品运输车辆以外的机动车在高速公路、城市快速路以外的道路上行驶超过规定时速20%以上未达到50%的
	驾驶机动车在高速公路或者城市快速路上不按规定车道行驶的
	驾驶机动车不按规定超车、让行，或者在高速公路、城市快速路以外的道路上逆行的
	驾驶机动车遇前方机动车停车排队或者缓慢行驶时，借道超车或者占用对面车道、穿插等候车辆的
	驾驶机动车有拨打、接听手持电话等妨碍安全驾驶的行为的
	驾驶机动车行经人行横道不按规定减速、停车、避让行人的
	驾驶机动车不按规定避让校车的
	驾驶载货汽车载物超过最大允许总质量30%以上未达到50%的，或者违反规定载客的
	驾驶不按规定安装机动车号牌的机动车上道路行驶的
	在道路上车辆发生故障、事故停车后，不按规定使用灯光或者设置警告标志的
	驾驶未按规定定期进行安全技术检验的公路客运汽车、旅游客运汽车、危险物品运输车辆上道路行驶的
	驾驶校车上道路行驶前，未对校车车况是否符合安全技术要求进行检查，或者驾驶存在安全隐患的校车上道路行驶的
	连续驾驶载货汽车超过4h未停车休息或者停车休息时间少于20min的
	驾驶机动车在高速公路上行驶低于规定最低时速的
一次记1分	驾驶校车、中型以上载客载货汽车、危险物品运输车辆在高速公路、城市快速路以外的道路上行驶超过规定时速10%以上未达到20%的
	驾驶机动车不按规定会车，或者在高速公路、城市快速路以外的道路上不按规定倒车、掉头的
	驾驶机动车不按规定使用灯光的
	驾驶机动车违反禁令标志、禁止标线指示的
	驾驶机动车载货长度、宽度、高度超过规定的
	驾驶载货汽车载物超过最大允许总质量未达到30%的
	驾驶未按规定定期进行安全技术检验的公路客运汽车、旅游客运汽车、危险物品运输车辆以外的机动车上道路行驶的
	驾驶擅自改变已登记的结构、构造或者特征的载货汽车上道路行驶的
	驾驶机动车在道路上行驶时，机动车驾驶人未按规定系安全带的

参 考 文 献

[1] 李占立，耿亮 . 学车考证 30 天速成 [M]. 北京：机械工业出版社，2019.

[2] 北京木仓科技股份有限公司 . 学车考证实战技巧与点拨 [M]. 北京：机械工业出版社，2019.

[3] 范立 . 货运驾驶员培训教材 [M]. 北京：机械工业出版社，2022.

[4] 姚时俊 . 驾考通关全套秘籍 [M].2 版 . 北京：机械工业出版社，2021.

[5] 范立 . 汽车安全驾驶必读 [M]. 北京：人民交通出版社，2004.

[6] 吕德远 . 老司机的开车秘笈 [M]. 北京：机械工业出版社，2022.

[7] 陈善同 . 图解防御型驾车技巧 [M].2 版 . 北京：机械工业出版社，2022.

[8] 范立 . 驾考宝典（通关详解版）[M]. 北京：机械工业出版社，2022.